U0802595

大数据与农业应用

王文生　陈　明　编著

科学出版社
北　京

内 容 简 介

本书结合大数据技术发展现状，对大数据在农业领域应用进行了探讨。全书共七章，第 1 章概述了国内外有关大数据的理论包括大数据产生背景和概念，第 2～4 章介绍了大数据的存储与管理、处理、分析等理论技术，第 5、6 章总结了所在科研团队近年的部分研究成果，从农业领域的角度，对大数据农业科研创新、大数据农业应用进行了阐述，第 7 章对农业大数据未来发展进行了展望。

本书适合从事农业大数据研究与应用的科技工作者、研究生等参考阅读。

图书在版编目 (CIP) 数据

大数据与农业应用 / 王文生，陈明编著. —北京：科学出版社，2015.1

ISBN 978-7-03-042618-5

Ⅰ. ①大… Ⅱ. ①王… ②陈… Ⅲ. ①信息技术－应用－农业－研究 Ⅳ. ①S126

中国版本图书馆 CIP 数据核字(2014)第 277687 号

责任编辑：于海云 / 责任校对：郑金红

责任印制：赵 博 / 封面设计：迷底书装

科学出版社 出版

北京东黄城根北街 16 号

邮政编码：100717

http://www.sciencep.com

北京华宇信诺印刷有限公司印刷

科学出版社发行 各地新华书店经销

*

2015 年 1 月第 一 版 开本：720×1 000 1/16

2025 年 7 月第五次印刷 印张：10

字数：188 000

定价：58.00 元

（如有印装质量问题，我社负责调换）

序

ICT 快速发展正深刻地改变着世界，大数据科学作为新一代信息技术发展的后起之秀，对引领科学认知世界、促进产业发展方式和商业经营模式转变、社会公共管理等的重要变革起着重要的作用。数量庞大、种类广泛、迅速产生和更新的大数据，蕴含着前所未有的经济社会价值和商业价值，在推动经济发展、改善公共服务、保障国家安全、支撑前沿基础科技创新具有重大意义。

大数据科学的研究与应用，还处于萌芽起步阶段。从需求来看，很多产业对其使用价值仍缺乏意识；从供给来看，技术和人才储备滞后，仍然缺乏深厚的数据分析手段来支撑应用需求。大数据科学是一种应用驱动性很强的服务，需要从战略上重视大数据的开发利用，把它作为推动经济发展方式和社会公共管理等的有力抓手。抓住机遇，将拥有的数据资源转化为经济社会发展的动力，是摆在科技界、产业界面前的紧迫课题。

农业大数据涉及到农业水、土、光、热、气候资源以及作物育种、种植、施肥、植保、过程管理、收获、加工、存储、机械化等各环节多类型复杂数据的采集、挖掘、处理、分析与应用等问题。数据类别多样、结构复杂、内容广泛。从领域来看，以农业领域为核心（涵盖种植、林业、畜牧水产养殖、产品加工等子行业），逐步拓展到相关上、下游产业（饲料、化肥、农药、农机，仓储、屠宰业，肉类加工业等），并需整合宏观经济背景数据，包括统计数据、进出口数据、价格数据、生产数据、气象、灾害数据等；从地域来看，以国内区域数据为核心，借鉴国际农业数据作为有效参考，不仅包括全国层面数据，还应覆盖省市数据，甚至地市级数据，为区域农业发展研究提供基础；从粒度来看，不仅包括统计数据，还包括涉农经济主体基本信息、投资信息、股东信息、专利信息、进出口信息、招聘信息、媒体信息、地理空间坐标信息等；从专业性来看，需要分步构建农业领域的专业数据资源，进而逐步有序规划各专业领域的数据资源，如针对畜品种的生猪、肉鸡、蛋鸡、肉牛、奶牛、肉羊等专业检测数据等。

农业是生命之源、发展之基。农业资源、环境、多样化的生产经营方式、保障舌尖上的安全，都时刻面对不断产生大批非结构化数据的信息获取、挖掘、存储、处理与智慧应用的问题。利用大数据技术和理念，加快推进农业现代化与信息化的深度融合，将为建设现代农业，推进社会主义新农村建设，提高农民的社会经济地位，构建社会主义和谐社会和建设资源节约、环境友好的可持续农业提供重要科学技术支撑。

《大数据与农业应用》一书，结合大数据技术与理论，阐述了大数据农业应用的新思路、新方法，对于新形势下农业大数据的应用发展研究具有重要的指导意义和借鉴作用。相信本书的出版对于从事相关理论、技术研究的科技工作者和相关管理工作者，都会大有裨益。

农业大数据蕴含着巨大的机遇，作为世界上第一人口的农业大国，我国农业科技工作者在利用大数据技术创新农业发展上任重而道远。包括本书编著者在内的一大批仁人志士正在不懈努力，积极思考大数据农业应用的模式，为我国农业、农村信息化发展，进而为加快推进我国农业现代化建设做出贡献。希望从事新一代信息技术和大数据农业应用研究的科技界、产业界的朋友们，积极关注并支持我国农业大数据的应用发展研究，为农业转方式、调结构，产业提质增效，农民持续增收，坚持走出一条生产技术先进、经营规模适度、市场竞争力强、生态环境可持续的中国特色农业现代化道路做出更大的贡献！

2015 年 1 月

前　言

继物联网、云计算之后，大数据已经成为当前信息技术产业最受关注的概念之一。大数据正在成为国家竞争的前沿，以及产业竞争力和商业模式创新的源泉。发达国家的大数据产业发展步入大规模商业化阶段，已广泛渗透到经济、政治、教育、安全和社会管理等众多领域。我国有关部门正在组织各方力量进行专项研究，从国家层面通盘考虑我国大数据发展战略，推动大数据的收集、分析和应用，引导和推动各行业对大数据进行研究与利用，推动各个领域的大数据应用工作，提升科学决策能力。

农业是国民经济的基础，关系到国计民生。党和国家高度重视三农工作，推动实施了一系列重大举措，农业农村发展取得了举世瞩目的巨大成就。然而，面对复杂严峻的国内外经济形势，农业发展面临多方面巨大变化和多重挑战，人口、耕地、环境等问题越来越突出。推动现代农业发展，保障国家粮食安全，必须依靠科技创新，走一条符合中国国情农业现代化道路。大数据是与自然资源、人力资源一样重要的战略资源，也是一种重要的科技创新资源。正如半个多世纪以前石油作为一种化石能源投入农业奠基当代绿色革命发展一样，大数据在农业上的应用也将带动农业产生一次新的革命，在今后几十年将极大地提升农业生产力、创造新的农业价值，造福亿万农户，并提高政府管理效率和服务水平。

我们科研团队近年主持和参加了国家有关部门组织的与大数据相关的研究项目，对农业大数据进行了初步研究与利用，开展了农业大数据的挖掘、分析、应用，并以之为基础面向公众提供各种类型的信息服务。为了促进我国农业大数据研究的学术交流、推动学科发展、培养专业人才，我们通过概述国内外有关大数据理论，总结所在科研团队近年部分研究成果，撰写完成此书。

在本书撰写的过程中，我们得到了许多专家的帮助和支持，在这里我们无法一一列举，谨向他们表示诚挚的感谢。我们尤其要感谢中国工程院汪懋华院士的指导并为本书作序。我们还要感谢中国农业科学院李金祥副院长和中国农业科学院农业信息研究所原所长梅方权研究员为本书的撰写提供很多宝贵建议。中国农业科学院农业信息研究所的李秀峰主任、谢能付副研究员、杨勇副研究员、孙志国副研究员、郭雷风博士、尹国伟博士、杨永前等为本书的编写做了大量细致的工作。

本书引用了许多国内外学者的研究成果，在此一并表示感谢。由于作者水平所限，书中某些内容可能有不妥之处，恳请读者批评指正。

王文生

2014 年于中国农业科学院

目　　录

第 1 章　大数据概述

需求是科学技术发展的原动力。目前，大数据问题的出现与研究已经成为了计算机科学与技术研究的新热点，并显示出日益强大的吸引力，科学大数据催生了数据密集型知识发现的科学研究第四范式。对于信息领域，大数据带来的不仅是机遇，还有一系列的困难和挑战。目前，大数据技术与应用展现出锐不可当的强大生命力，科学界与企业界寄予无比的厚望。大数据成为继 20 世纪末、21 世纪初互联网蓬勃发展以来的又一轮 IT 工业革命。

1.1　问题的提出

在全世界范围内，以电子方式存储的数据(又简称为电子数据)总量空前巨大。在 2011 年电子数据总量已达到 1.8ZB(1ZB=1024PB)，较 2010 年同期提高超过 1ZB，统计结果表明，每经过 2 年就可以增加一倍，预计到 2020 年可达到 35ZB，如图 1-1 所示。面对数据增长的速度迅猛地提升，数据量的飞速增加，对大量电子数据的高效存储、高效传输与快速地处理是必须面对的研究问题。

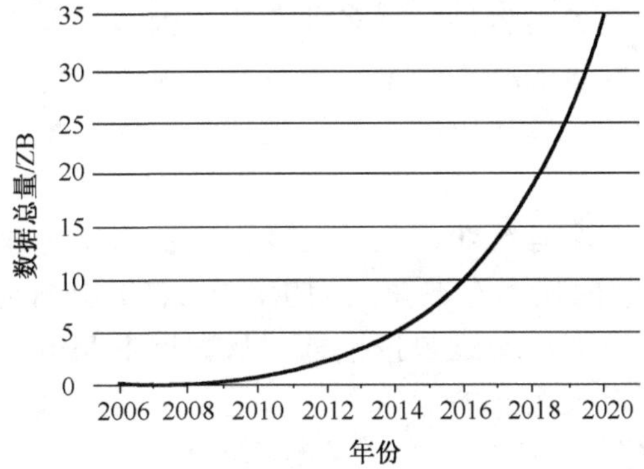

图 1-1　全球数据创建及复制的数据总量预测

1.1.1　电子数据迅速增加

物联网、云计算、移动互联网、车联网、手机、平板电脑、个人计算机(PC)、气候信息、公开的信息(例如杂志、报纸)、交易记录、网络日志、病历、军事监控、视频和图像档案，以及大型电子商务和在地球各地的各种传感器是数据来源，再加上承载的方式不断更新与发展、大型科学研究设备产生的数据、以及社交媒体的快速发展，这些构成了大数据持续产生的生态环境。尤其是近年来，随着互联网技术的发展，来自人们的日常生活，特别是来自互联网服务而产生的大量数据迅猛增加。据不完全统计，互联网当前包含 93 亿多个页面，80%～85%的数据是存储在数据库的文本中。互联网一天产生的全部内容可以用 1.68 亿张 DVD 存储，发出的邮件有 2940 亿余封，发出的社区帖子达 200 万个（这相当于《时代》杂志 770 年的文字量），卖出的手机为 37.8 万台，比全球每天出生的婴儿数量 37.1 万还多。从数据统计角度来看，电子数据量迅速增加。预计中国数据技术和服务市场将来 5 年的复合增长率为 51.4%，其中增长率最高的是存储市场为 60.8%，服务器市场的增长率则为 38.3%，远高于其他产品相关的市场。

1.1.2 数据蕴藏巨大的经济价值

数据本身是无意义的，而通过统计、分类、萃取、特征抽取等一系列技术手段，可以从数据中产生信息与知识。数据是重要的战略资源，蕴含巨大的经济价值，因此已经引起科技界和和企业界的高度重视。有效地组织和使用数据，将对经济发展产生巨大的推动作用。大数据出现孕育着前所未有的机遇。对大数据的采集、整合和分析，可以发现新的知识，创造新的价值，带来知识、科技和利润的大发展。

越来越多的企业等机构意识到数据是最重要的资产，数据分析能力逐渐成为核心竞争力。企业将远离服务与咨询，更多地专注于因数据分析而带来的全新业务增长点。数据将成为决定胜负的基本因素，最终将成为人类至关重要的自然资源。各著名的大型公司已经开始开发自己的大数据处理和存储系统，如何整合这些数据成为未来的关键任务。

在互联网、电信、金融等行业，几乎已经到了数据就是业务本身的地步。物联网、社交网络等新的互联网技术在改变人们生活方式的同时，也产生了大量的数据。有效地存储和查询这些数据，通过数据挖掘，从数据中获得有用的信息，为用户提供好的用户体验，进而增强企业的竞争力，这是一个新挑战。目前，两天就能产生出自人类文明诞生以来到 2003 年所产生的数据的总量。大数据已经成为重要的时代特征，充分使用大数据和挖掘大数据商业价值将为行业企业带来强大经济效益与竞争力。

大数据全生命周期可以分为“数据产生、数据采集、数据传输、数据存储、数据处理、数据分析、数据发布、展示和应用、产生新数据”等阶段。已经形成了大数据的“生产与集聚层、组织与管理层、分析与发现层、应用与服务层”的产业链，而 IT 基础设施为这各环节提供基础支撑。

据统计，2012 年市场规模达到 4.5 亿元，2016 年估计可达到百亿规模，如图 1-2 所示。

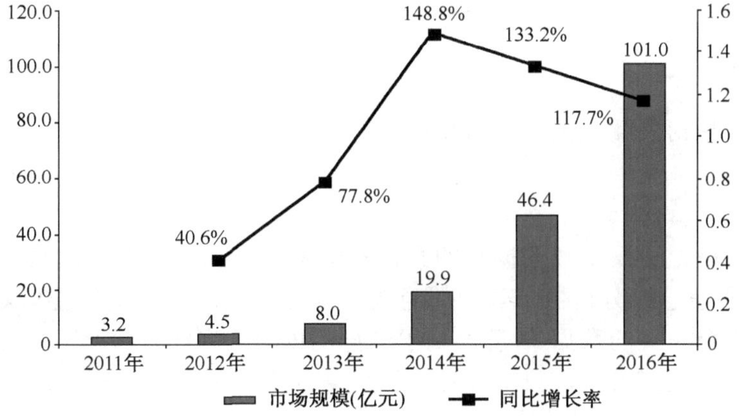

图 1-2　中国大数据应用市场规模与增长

1.1.3　数据是国家的核心资产

一个国家拥有数据的规模、活性及解释运用的能力将成为综合国力的重要组成部分，对数据的占有和控制将成为陆权、海权、空权之外的另一种国家核心资产。联合国也在 2012 年发布了大数据政务白皮书，指出大数据对于联合国和各国政府是一个历史性的机遇，通过使用极为丰富的数据资源，对社会经济进行前所未有的实时分析，帮助政府更好地响应社会和经济运行。

数据为王的大数据时代已经到来，对数据的占有和控制也将成为国家间和企业间新的争夺点。大数据技术的专业人才，特别是数据分析复合型人才将会影响该市场的发展。

在技术层面上，大数据、海量数据与超大规模数据无本质的区别，它们都是指用传统处理方法无法处理的大量数据。通过对大数据的高速有效地处理，可以发现数据中蕴藏的规律与规则，进而为各种关键决策提供依据与指导，正确的预测与决策将导致巨大财富的产生。技术与工具密不可分，目前常用的数据处理技术与工具是小数据处理技术与工具，一些海量数据处理方法与工具是一种过渡性的方法与工具，大数据处理技术与工具的研究是一项有理论意义和实际价值的工作。大数据技术就是从各种类型的数据中快速获得智慧的技术。信息要能转化成智慧，至少要满足以下三个标准。

1. 可破译性

可破译性是大数据时代特有的问题，但非结构化的数据不是一定都可破译。例如，记录了某客户在网站上三次翻页的时间间隔分别是 5s，4s，15s，却忘记标注这三个时间代表什么，也就是说，知道这些数据是信息，却不可破译，所以不可能成为知识。

2. 关联性

关联性即是相关性。无关的信息可以被看作是噪声。

3. 新颖性

新颖性是指无法仅仅根据拥有的数据和信息进行判断。例如，某电子商务公司通过一组数据/信息，分析出了客户愿意为当天送货的产品多支付 10 块钱，然后又通过另一组完全独立的数据/信息得到了同样的内容，这样的情况下，后者就不具备新颖性。但是，很多时候，只有在处理了大量的数据和信息以后，才能判断它们是否具有新颖性。

1.1.4 大数据的产生源泉

大数据是人类活动的产物，来自于人们改造客观世界的过程中，是生产与生活在网络空间的投影。信息爆炸是对信息快速发展的一种逼真的描述，形容信息发展的速度如同爆炸一般席卷整个地球。在 20 世纪 40～50 年代，信息爆炸主要是指科学文献的飞快增长；而到 20 世纪 90 年代，由于计算机和通信技术广泛应用，信息爆炸主要是指社会信息飞快增长，包括正式交流过程和非正式交流过程所产生的电子式的和非电子式的信息，而到 21 世纪的今天，信息爆炸是由于数据洪流的产生和发展所造成信息飞快增长。在技术方面，新型的数据中心、分布式计算、云计算、大容量数据存储与处理技术、社会网络、移动终端设备、多种数据采集方式使大数据的产生和存储成为可能。在用户方面，日益人性化的用户界面、信息行为模式都容易作为数据而存储，用户即可成为数据的制造者，也可以成为数据的使用者。可以看出，随着云计算、物联网计算和移动计算的发展，世界上所产生的新数据都能够汇入数据洪流，导致数据洪流席卷互联网。

归纳起来，大数据主要来自于物理世界与互联网世界。

1. 互联网世界

大数据时代，需要更加全面的数据来提高预测的准确度，因此需要更多廉价、便捷、自动的数据生产工具。

随着互联网无处不在地渗透到人们的工作和生活，移动互联网、物联网、可穿戴联网设备的普及，数据正在以指数级别的加速度产生，目前世界上 90%的数据是由互联网出现以后迅速产生的。

大数据来自人类社会，尤其互联网的发展为数据的存储、传输与应用创造了基础与环境。依据基于唯象假设的六度分割理论而建立的社交网络服务（Social Network Service，SNS），以认识朋友的朋友为基础，扩展自己的人脉。基于 Web 2.0 网站建立的社交网络，用户既是网站信息的使用者，也是网站信息的制作者。社交网站记录人们之间的交互，搜索引擎记录人们的搜索行为和搜索结果，电子商务网站记录了人们购买商品的喜好，微博网站记录了人们所产生的即时的想法和意见，图片视频分享网站记录了人们的视觉观察，百科全书网站记录了人们对抽象概念的认识，幻灯片分享网站记录了人们的各种正式和非正式的演讲发言，机构知识库和开放获取期刊记录了学术研究成果等。归纳起来，来至互联网的数据可以划分为下述 6 种类型。

1）视频

视频图像是大数据的主要来源之一，电影、电视节目可以产生大量的视频图像，各种室内外的视频摄像头昼夜不停地产生巨量的视频图像。视频图像以每秒几十帧的速度连续记录运动着的物体，一个小时的标准清晰视频经过压缩后，所需的存储空间为 GB 数量级，对于高清晰度视频所需的存储空间就更大了。

2）图片与照片

图片与照片也是大数据的主要来源之一，截至 2011 年 9 月，用户向脸谱（Facebook）上传了 1400 亿张以上的照片，脸谱是美国最大的一个社交网站，类似于中国的新浪微博。如果拍摄者为了保存拍摄时的原始文件，平均每张照片大小为 1MB，则这些照片的总数据量就是 140G × 1MB=140PB，如果单台服务器磁盘容量为 10TB，则存储这些照片需要 14000 台服务器，而且这些上传的照片仅仅是人们拍摄到的照片的很少一部分。此外，许多遥感系统一天 24 小时不停地拍摄并产生大量照片。

3）音频

DVD 光盘采用了双声道 16 位采样，采样频率为 44.1kHz，可达多媒体欣赏水平。如果某音乐剧的长度为 5.5min，计算其占用的存储容量为

$$
\begin{aligned}
\text{存储容量} &= (\text{采样频率} \times \text{采样位数} \times \text{声道数} \times \text{时间})/8 \\
&= (44.1 \times 1000 \times 16 \times 2 \times 5.5 \times 60)/8 \\
&= 12.6\text{MB}
\end{aligned}
$$

4）日志

网络设备、系统及服务程序等，在运作时都会产生 log 的事件记录；每一行日志都记载着日期、时间、使用者及动作等相关操作的描述。网络操作系统设有各种日志文件，如应用程序日志，安全日志、系统日志、Scheduler 服务日志、FTP 日志、WWW 日志、DNS服务器日志等，并且根据系统开启服务的不同而有所不同。用户在系统上进行操作时，日志文件通常记录了用户操作的相关内容，这些内容被系统安全工作人员使用。例如，有人对系统进行了 IPC探测，系统就会在安全日志中迅

速地记下探测者探测时所用的 IP、时间、用户名等；用 FTP 探测后，就会在 FTP 日志中记下IP、时间、探测所用的用户名等。

网站日志记录了用户对网站的访问，电信日志记录了用户拨打和接听电话的信息，假设有 5 亿用户，每个用户每天呼入呼出 10 次，每条日志占用 400B，并且需要保存 5 年，则数据总量为 5×10×365×400×5B = 3.65PB。

5) 网页

2000 年，谷歌索引了大约 10 亿个网页，如果平均每个网页用 25KB，一万亿个网页的数据总量为 25PB。

6) 结构化数据

视频、图片与照片、音频和日志都是非结构化数据，网页是半结构化数据。结构化数据只占 15%左右，结构化数据可以在结构数据库中存储，并可用二维表来逻辑表达数据。这类数据是先定义结构，然后才有数据。这类数据在大数据中所占比例较小，但却应用广泛、起到关键作用，例如银行财务系统、股票与证券系统、信用卡系统等。

2. 物理世界

来自物理世界的数据主要是指来自大型国际实验；跨实验室、单一实验室或个人观察实验所得到的科学实验数据或传感数据，最早提出大数据概念的学科是天文学和基因学，这两个学科从诞生之日起就依赖于基于海量数据的分析方法。科学实验由科技人员设计，数据采集与集成、数据处理都是事先设计，无论是检索还是数据挖掘，都有科学规律可循。例如，希格斯粒子又称为上帝粒子的寻找，采用了大型强子对撞机实验。这是一个基于大数据的科学实验，至少要在 1 万亿个事例中才可能找出一个希格斯粒子。可以看出，科学实验的大数据处理是整个实验的一个预定过程，所以是否发现有价值的信息可在预料之中。大型强子对撞机每秒生成数据量约为 1PB。建设中的下一代巨型射电望远镜阵每天生成的数据大约在 1EB。波音发动机上的传感器每小时产生 20TB 左右的数据。

随着科研人员获取数据方法与手段的变化，科研活动产生的数据量激增，科学研究已成数据密集型活动。科研数据因其数据规模大、类型复杂多样、分析处理方法复杂等特征，已成为大数据的一个典型代表。大数据所带来的新科学研究方法反映了未来科学的行为研究方式，数据密集型科学研究将成为科学研究的普遍范式。

利用互联网可以将所有的科学数据与文献联系在一起，创建了一个文献与数据能够交互操作的系统，即在线科学数据系统，如图 1-3 所示。

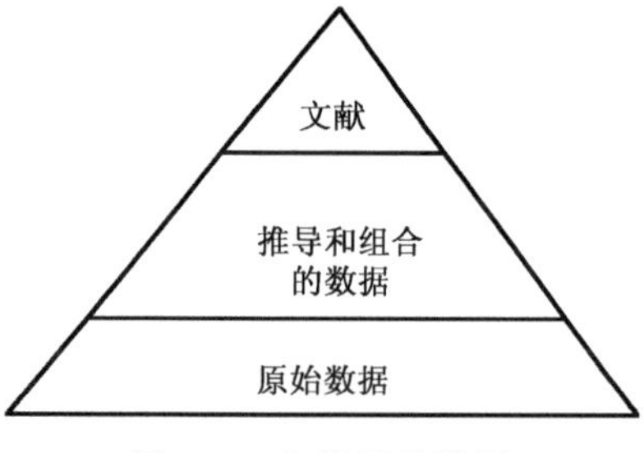

图 1-3　在线科学数据

对于这些在线科学数据，许多领域互相交叉，可以使用其他领域的数据。互联网能够将所有文献与数据集成在一起，可以实现从文献计算到数据，再回到数据。这样可以提高科技信息的速度，进而大幅度地提高生产力。也就是说，在阅读某人的论文时，可以查看他们的原始数据，甚至可以重做分析，也可以查看某些数据时查处所有关于这一数据的文献。

1.2 大数据的概念与特性

1.2.1 大数据的概念

大数据是指数据规模大，尤其是因为数据形式多样性、非结构化特征明显，导致数据存储、处理和挖掘异常困难的那类数据集。大数据需要管理的数据集规模很大，数据的增长快速，类型繁多，如文本、图像、视频等。处理包含数千万个文档、数百万张照片或者工程设计图的数据集等，如何快速访问数据成为核心挑战。大数据是指无法用常规的软件工具捕捉、处理的数据集合，即大数据 Big-Data=$\{S_1,S_2,S_3\}$，其中 S_1 代表结构化数据集，S_2 代表非结构化数据集，S_3 代表半结构化数据集。而大数据是指$\{S_1,S_2,S_3\}$所占的存储空间达到 PB 数量级。

大数据是人类活动的产物，来自人们认识世界与改造世界的过程中，是生产与生活在网络空间的投影。通常将其归纳为 5 个“V”：Volume（数据量），Variety（多样性），Value（价值），Velocity（速度），Value（真实性），如图 1-4 所示。Value 代表价值密度低，商业价值高，以视频为例，连续不间断监控过程中，可能有用的数据仅占几秒钟；Velocity 代表数据变化速度快。

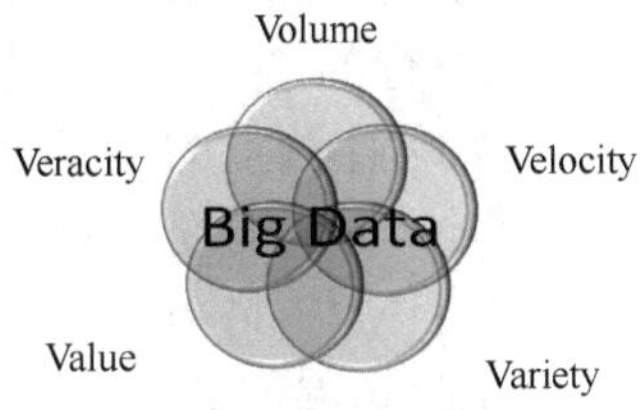

图 1-4　大数据的 5 个 V

1. 数据容量巨大

Volume 代表数据量巨大，存储容量单位的定义如表 1-1 所示。

表 1-1　存储容量单位的定义

单　位	定　义	字节数（2 进制）	字节数（10 进制）
Kilobyte（千）	1024Byte	2^{10}	10^{3}
Megabyte（兆）	1024 Kilobyte	2^{20}	10^{6}
Gigabyte（吉）	1024 Megabyte	2^{30}	10^{9}
Terabyte（太）	1024 Gigabyte	2^{40}	10^{12}
Petabyte（拍）	1024 Terabyte	2^{50}	10^{15}
Exabyte（艾）	1024 Petabyte	2^{60}	10^{18}
Zettabyte（泽）	1024 Exabyte	2^{70}	10^{21}
Yottabyte（尧）	1024 Zettabyte	2^{80}	10^{24}

一般说来，超大规模数据是处在 GB(即 10^9)级的数据，海量数据是处在 TB(即 10^{12})数量级的数据，而大数据则是处在 PB(即 10^{15})级及其以上的数据。可以想象，随着存储设备容量的增大，存储数据量的增多，容量的指标是动态变化的，也就是说，还会增大。下一代计算机存储单位还会出现 Brontobyte、Gegobyte 等存储单位。

自有史记载以来，人类所产生的信息量总计约为 5EB。2011 年全世界的数据的总和是 1.8ZB，如果用 9GB 的 DVD 光盘和 1TB 的 2.5 寸硬盘分别保存这 1.8ZB 的数据，所需的光盘数量和硬盘数量如表 1-2 所示。

表 1-2 用 9GB 的 DVD 光盘和 1TB 的 2.5 寸硬盘分别保存这 1.8ZB 的数据的比较

所用介质	单个容量/GB	所需数量	单个厚度/mm	堆叠高度/km
DVD	9	219902325555	1.2	263882.79
2.5 寸硬盘	1024	1932735283	9	17394.62

为了更形象地表示表 1-2 给出的结果，可以做如下说明：如果全部用 9GB 的 DVD 光盘来保存，则所用的 9GB 的 DVD 光盘叠加后的高度超过 26 万千里，这个数字几乎是地球到月球距离的 2/3。如果用 1TB 的 2.5 寸硬盘保存这 1.8ZB 的数据，则所用 1TB 的 2.5 寸硬盘叠加起来的高度超过 1.7 万千里，几乎接近地球周长的 1/2。如果以上的数据过于庞大，还是找不到感觉，那么给个实际的数据：计算机报上看到荷兰银行的 20 个数据中心有大约 7PB 磁盘和超过 20PB 的磁带存储，而且每年 50%～70%存储量的增长，计算一下 27PB 大约为 40 万个 80G 的硬盘大小。

例如，1TB 的硬盘的标准重量是 670g，1NB=2^{60}TB=1 152 921 504 606 846 976TB = 1 152 921 504 606 846 976 个 1TB 硬盘总重量约为 77 245 740 809 万吨，也就是说储存 1NB 的数据的硬盘要运载量为 56 万吨的巨型海轮最少来回拉 1 379 388 229 次，约 14 亿次才能将这些数据运到地点，估计 1000 艘 56 万吨的巨型海轮都要损坏。

又例如，荷兰银行的 20 个数据中心有大约 7PB 磁盘和超过 20PB 的磁带存储，而且每年 50%～70%存储量的增长，27PB 大约为 40 万个 80G 的硬盘大小。

可以看出，上述的例子中的数据是一个惊人的数据。如果用磁盘来存储大数据将是一个困难的工作，相对于当前的存储技术水平，系统存储与管理这些大数据需要特别的技术。

2. 数据类型多

Variety 代表数据类型繁多，由于大数据主要来源互联网，所以大数据包含多种数据类型。例如，各种声音和电影文件、图像、文档、地理定位数据、网络日志、文本字符串文件、元数据、网页、电子邮件、社交媒体供稿、表格数据等。其中视频、图片和照片日志为非结构化数据，网页为半结构化数据。

3. 价值密度低

数据价值(Value)密度低，大数据的价值往往呈现出稀疏性的特点。大概 80%甚至 90%的数据都是无效数据，以视频为例，连续不间断监控过程中，可能有用的数据仅仅有一两秒，难以进行预测分析、运营智能、决策支持等计算，通常利用价值密度比来描述这一特点。随着物联网的广泛应用，信息感知无处不在，通过强大而高效的分析算法更迅速地完成数据到价值的转换，是目前研究的热点。

4. 数据传播迅速

实时数据的数据的变化率很快，Facebook 分享的内容条目超过 25 亿个/天，增加数据超过 500TB/天，这样的变化率产生的数据需要快速度(Velocity)处理。通过快速的处理，进而创造真正的价值。传统技术不适于大数据高速储存、管理和使用。因此，应研究新的方法。如果数据创建和聚合速度非常快，就必须使用迅速的方式来揭示其相关的模式和问题。发现问题的速度越快，就越有利于从大数据分析中获得更多的机会与结果。

5. 真实性

真实性(Veracity)是指数据所标识的，而不是假冒的。不真实的数据需要清洗、集成和整合之后才可以进行分析。也就是说，采集来的大数据不能保证完全真实性，但大数据分析需要真实的数据。

1.2.2 大数据的性质

从大数据的定义中可以看出，大数据具有规模大、种类多、速度快的特点，在数据增长、分布、处理等方面具有更多复杂的性质，总结如下所述。

1. 价值

数据具有价值，但数据价值密度低。价值依靠数据分析、数据挖掘来获得。

2. 非结构性

非结构化数据是指在获得数据之前无法预知其结构的数据，目前所获的数据85%以上是非结构化数据，而不再是纯粹的关系数据，传统的系统对这些数据无法完成处理，从应用角度，非结构化数据的计算是计算机科学的前沿。大数据的高度异构也导致抽取出合适数量的语义信息的困难。如何将数据组织成合理的结构是大数据管理中的一个重要问题。大量出现的各种数据本身是非结构化的或弱结构化的，例如，图片、照片、日志和视频数据等是非结构化数据，而网页等是半结构化数据。

大数据大量存在于社交网络、互联网和电子商务等领域。此外，有 90%的数据来自开源数据，其余的被存储在数据库中。大数据的不确定性主要表现高维、多变和强随机性等方面。例如，股票交易数据流呈现不确定性。结构化数据、非结构化数据、半结构化数据的比较如表 1-3 所示。

表 1-3 结构化数据、非结构化数据、半结构化数据的比较

对比项	结构化数据	非结构化数据	半结构化数据
定义	具有数据结构描述信息的数据	不方便用固定结构来表现的数据	处于结构化数据和无结构的数据之间的数据
结构与内容的关系	先有结构，再有数据	只有数据，无结构	先有数据，再有结构
示例	各类表格	图形、图像、音频、视频信息	HTML 文档，它一般是自描述的，数据的内容与结构混在一起

大数据问题的出现激发了大量研究工作。非结构化和半结构化数据的个体表现、一般性特征和基本原理需要通过数学、经济学、社会学、计算机科学和管理科学在内的多学科交叉研究。给定一种半结构化或非结构化数据，例如图像，需要研究将其转化成多维数据表、面向对象的数据模型或者直接基于图像的数据模型。值得注意的是，大数据每一种表示形式都仅呈现数据本身的侧面表现，并不是全部特性。

现存的计算机科学与技术架构和路线，已经无法高效处理如此大量的数据，需要研究将非结构化数据转化成一个结构化数据、数据组织成合理的结构等。

3. 不完备性

数据的不完备性是指在大数据条件下所获取的数据常常包含一些不完整的信息和错误的数据。数据的不完备性需要在数据分析阶段得到有效的处理。

4. 时效性

大数据处理速度非常重要。数据规模越大，分析处理时间就会越长。如果设计一个专门处理固定大小数据量的数据系统，其处理速度可能会非常快，但并不能适应大数据的要求。在许多情况下，用户要求立即得到数据的分析结果，需要在时间处理速度与规模之间折中考虑，并寻求新的方法。

5. 安全性

由于大数据高度依赖数据存储与共享，必须考虑寻找更好的方法来消除各种隐患与漏洞，才能有效地管控安全风险。数据的隐私保护是大数据分析和处理的一个重要问题，而隐私保护既是技术问题也是社会学问题，对个人数据使用不当，尤其是有一定关联的多组数据泄露，将导致用户的隐私泄露。因此，大数据安全性问题是一个重要的研究方向。

6. 可靠性

可以通过数据清洗、去冗等技术来获得有价值数据。实现数据质量高效管理以及对数据的安全访问和隐私保护已成为大数据可靠性的关键需求。因此，针对来至互联网大数据的高效处理和持续服务需求，以及大数据异质异构、无结构乃至不可信特征，数据的表示、处理和质量已经成为互联网环境中大数据管理和处理的重要研究问题。

大数据对人类的数据驾驭能力提出了新的要求，也为人们获得更为深刻、全面的洞察能力提供了前所未有的空间与潜力。

1.3 大数据技术与关键问题

大数据可分成大数据技术、大数据工程、大数据科学和大数据应用等领域。目前最受人们关注的是大数据技术和大数据应用。工程和科学问题的重视目前还没有提到日程。大数据工程指大数据的规划建设运营管理的系统工程；大数据科学关注大数据网络发展和运营过程中发现和验证大数据的规律及其与自然和社会活动之间的关系。

从拥有数据，到预判需求，凸显了大数据技术的力量。大数据技术是指从大数据中快速获得有价值信息的技术。谈到大数据有双重含义，一方面是指大数据本身，另一方面是指大数据技术。大数据研究目的是发展大数据技术并将其应用到相关领域，通过解决大数据处理问题促进其突破性发展。因此，大数据带来的挑战不仅体现在如何处理大数据从中获取有价值的信息，也体现在加强大数据技术研究，抢占科学发展的前沿。

1.3.1 大数据技术的主要内容

大数据技术是大数据的采集、传输、处理和应用的相关技术，一系列使用非传统的工具来对大量的结构化、半结构化和非结构化数据进行处理，从而获得分析和预测结构的一系列数据处理技术，称之为大数据技术。

数据库、数据仓库、数据集市等信息管理领域的技术，很大程度上也是为了解决大数据的问题。数据仓库之父的 Bill Inmon 早在 20 世纪 90 年代就提出大数据。近年来互联网、云计算、移动计算和物联网的快速发展。无所不在的移动设备、RFID、无线传感器每分每秒都在产生数据，数以亿计用户的互联网服务时刻在产生巨量的交互，需要处理的数据量巨大、增长太快，而业务需求和竞争压力对数据处理的实时性、有效性又提出了更高要求，传统的常规技术手段根本无法完成。在这种情况下，提出和应用了新技术，主要包括分布式缓存、基于 MPP 的分布式数据库、分布式文件系统以及各种NoSQL分布式存储方案等。大数据技术的主要内容如图 1-5 所示。

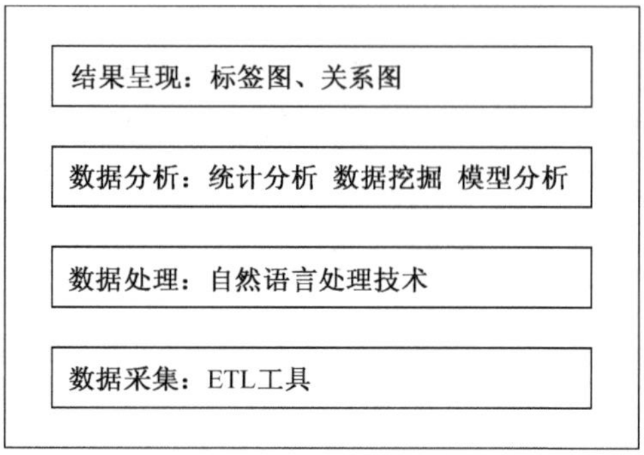

图 1-5 大数据技术的内容框架

1. 数据采集

ETL(Extract Transform Load)工具负责将分布在异构数据源中的数据，如关系数据、平面数据文件等取到临时中间层后进行清洗、转换、集成，最后加载到数据仓库或数据集市中，成为联机分析处理、数据挖掘的基础。

2. 数据存取

利用关系数据库与 NoSQL 数据库存取数据。

3. 基础架构

应用云存储、分布式文件存储等架构。

4. 数据处理

自然语言处理是研究人与计算机交互的语言问题的一门学科。处理自然语言的关键是要让计算机理解自然语言，所以自然语言处理又称为自然语言理解或计算语言学，它是语言信息处理的一个分支，也是人工智能的核心课题之一。

5. 统计分析

主要包括假设检验、显著性检验、差异分析、相关分析、T 检验、方差分析、卡方分析、偏相关分析、距离分析、回归分析、简单回归分析、多元回归分析、逐步回归、回归预测与残差分析、曲线估计、因子分析、聚类分析、主成分分析、快速聚类法与聚类法、判别分析、对应分析、多元对应分析(最优尺度分析)等。

6. 数据挖掘

分类、估计、预测、相关性分组或关联规则、聚类、描述和可视化、复杂数据类型挖掘等。

7. 模型分析

预测模型、机器学习、建模仿真。

8. 结果呈现

大数据处理结果利用云计算、标签云、关系图等呈现。

大数据处理的问题实质上由信息化设施的处理能力与数据处理的问题规模之间的矛盾引起。大数据所表现出的增量速度快、时间局部性低等特点，客观上加剧了矛盾的演化，使得以计算为中心的传统模式面临着内存容量有限、输入/输出(I/O)压力大、缓存命中率低、数据处理的总体性能低等诸多挑战，难以取得性能、能耗与成本的最佳平衡，使得目前的计算机系统无法处理 PB 级以上的大数据。

1.3.2 大数据的处理过程

全球数据量增加遵循摩尔定律，每 18 个月翻一番，数据规模急剧扩大超过当前计算机存储与处理能力。不仅数据处理规模巨大，而且数据处理需求多样化。因此，数据处理能力成为核心竞争力。数据处理需要将多学科结合，需要研究新型数据处理的科学方法，以便在数据多样性和不确定性前提下进行数据规律和统计特征的研究。一般说来，大数据处理的流程如图 1-6 所示，可以概括为四步，分别是大数据采集、大数据导入与预处理、大数据统计与分析，最后一步是大数据挖掘。

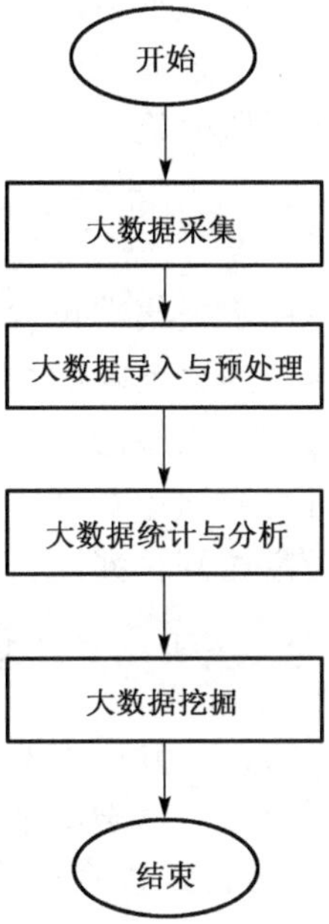

图 1-6 大数据处理的流程

1. 大数据采集

大数据的采集是指利用多个数据库来接收发自客户端(Web、App 或者传感器形式等)的被采集的数据，并且用户可以对这些数据库来进行简单的查询和处理工作。例如，电子购物系统使用传统的关系型数据库 MySQL、SQL Server 和 Oracle 等结构化数据库来存储事务数据，除此之外，Redis 和 MongoDB 这样的 NoSQL 数据库也经常用于数据的采集。在大数据的采集过程中的主要特点是并发率高，因为同时有可能会有成千上万的用户来进行访问和操作，例如火车票售票网站和淘宝网站，它们并发的访问量在峰值时达到上百万，所以需要在采集端部署大量数据库才能支撑系统运行，除此之外，不需考虑数据库系统之间负载均衡和分片设计。大数据技术的数据采集的方法如下所述。

1）系统日志采集方法

大数据采集工具多用于系统日志采集，如Hadoop的Chukwa，Cloudera的Flume，Facebook的Scribe等，这些工具均采用分布式架构，能达到每秒数百MB的日志数据采集和传输。

2）网络数据采集方法

网络数据采集是指通过网络“爬虫”或网站公开API等方式从网站上获取数据信息。该方法可以将非结构化数据从网页中抽出，将其存储为统一的本地数据文件，并以结构化的方式存储。它支持图片、音频、视频等文件或附件的采集，附件与正文可以自动关联。

除了网络中包含的内容之外，对于网络流量的采集可以使用 DPI（Deep Packe Inspection，深度包检测）或DFI（Deep/Dynamic Flow Inspection，深度/动态流检测）等带宽管理技术完成。

3）其他数据采集方法

对于企业生产经营数据或学科研究数据等保密性要求较高的数据，可以通过与企业或研究机构合作，使用特定系统接口等相关方式采集数据。

2. 大数据导入与预处理

由于采集端设置的数据库不多，为了实现对这些数据进行有效的分析，还需要将这些来自前端的数据导入到一个集中的大型分布式数据库，又称为数据集市，并且可在导入基础上做一些简单的清洗和预处理工作。为了提高处理速度，也可以导入时对数据进行流式计算，来满足部分业务的实时计算需求。大数据每秒钟的导入量经常达到百兆，甚至达到千兆数量级。

3. 大数据统计与分析

统计与分析主要利用并行处理技术对存储于 NoSQL 中的大数据进行分析和分类汇总等，以满足常见的分析需求，所需的工具主要有EMC的GreenPlum、Oracle的Exadata，以及列式存储Infobright等，而批处理，或者基于半结构化数据的需求可以使用Hadoop。

统计与分析中涉及的数据量巨大，对系统资源，特别是I/O资源占用极大。

4. 大数据挖掘

与前面所述的统计与分析过程不同，数据挖掘一般没有预先设定主题，主要是对现有数据进行计算，起到预测的效果，从而实现一些高级别数据分析的需求。比较典型算法有 Kmeans 聚算法、SVM 统计学习算法和 NaiveBayes 分类算法，主要使用的工具有 Hadoop 的 Mahout 等。该过程的特点是挖掘的算法复杂，并且计算涉及的数据量和计算量都很大，常用数据挖掘算法都以单线程为主。

大数据处理的过程至少应该经过上述四个基本步骤，才能成为一个比较完整的大数据处理过程。

1.3.3 大数据技术的特征

大数据技术具有下述显著的特征，如图 1-7 所示。

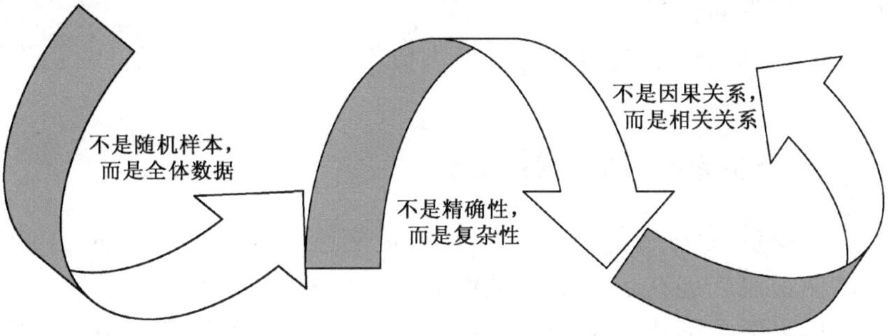

图 1-7　大数据的显著特征

1. 分析全面的数据而非随机抽样

在大数据出现之前，由于缺乏获取全体样本的手段，针对小样本，提出了随机调研数据的方法，在理论上，越随机抽取样本，就越能代表整体样本，但是获取随机样本的代价极高，而且费时。出现数据仓库和云计算之后，获取足够大的样本数据，以致获取全体数据变得更为容易。完全不必要以抽样的方式调查这些数据，这是因为所有的数据都在数据仓库中。如何变大数据为小数据，获取大数据本身不是我们的目的，能用小数据解决的问题绝不要故意增大数据量。当年开普勒发现行星三大定律，牛顿发现力学三大定律现在看来都是基于小数据。我们也应从通过小数据获取知识的案例中得到启发，例如人脑就是小样本学习的典型。

2～3 岁的小孩看少量图片就能正确区分马与狗、汽车与火车，似乎人类具有与生俱来的知识抽象能力。从少量数据中如何高效抽取概念和知识是值得深入研究的方向。至少应明白解决某类问题，多大的数据量是合适的，不要盲目追求超额的数据。数据无处不在，但许多数据是重复的或者没有价值，未来的任务主要不是获取越来越多的数据，而是数据的去冗分类、去粗取精，从数据中挖掘知识。

2. 重视数据的复杂性，弱化精确性

对小数据而言，最基本和最重要的要求就是减少错误、保证质量。由于收集的数据少，所以必须保证记录下来的数据尽量准确。例如，使用抽样的方法，就需要在具体的运算上非常精确，在一个总样本为 10 亿人口随机抽取 100 人，如果在 100 人上的运算出现错误，那么放大到 10 亿人中将变大偏差，但在全体样本上，产生多少偏差就为多少偏差，不被放大。

精确的计算是以时间消耗为代价，但在小数据情况，追求精确是为了避免放大的偏差。但在样本等于总体大数据的情况，快速获得一个大概的轮廓和发展趋势比严格的精确性重要得多。

大数据的简单算法比小数据更有效，大数据不再在期待精确性，也无法实现精确性。

3. 关注数据的相关性，而非因果关系

相关性表明变量 A 与变量 B 相关，或者说变量 A 的变化与变量 B 的变化之间存在一定的比例关系，但在这里的相关性并不一定是因果关系。

推荐算法指出根据消费记录来告诉用户可能用户喜欢什么，这些消费记录有可能是别人的，也有可能是该用户历史的，并不能说出喜欢的原因。不能说都喜欢购买 A 和 B，就存在购买 A 之后的结果是购买 B，这是一个未必的事情。但其相关性高，或者说概率大。大数据技术只知道是什么，而不需知道为什么，就像推荐算法指出的那样，知道喜欢 A 的人很可能喜欢 B，但却不知道其中的原因。知道是什么就足够了，没有必要知道为什么。在大数据背景下，通过相互关系就可以比以前更容易、更快捷、更清楚地进行分析，找到一个现象的关系物。系统相互依赖的是相互关系，而不是因果关系，相互关系可以告诉的是会发生什么，而不是为什么发生，这正是这个系统的价值。大数据的相互关系分析更准确、更快，而且不易受到偏见的影响。建立相互关系分析法的预测是大数据的核心。当完成了相互关系分析之后，但又不满足仅仅知道是为什么时，可以再继续研究因果关系，找出为什么。

4. 学习算法复杂度

除了上述三个特征之外，还要注意学习算法复杂度。一般 $N\log N$、N^2 级的学习算法复杂度可以接受。面对 PB 级以上的海量数据，$N\log N$、N^2 级的学习算法难以接受，这就说明处理大数据需要更简单的算法和新的问题求解方法。大数据研究不应该只是几种方法的简单集成，应该有不同于统计学和人工智能的本质内涵。大数据研究是一种交叉科学研究，如何体现其交叉学科的特点需要认真思考。

1.3.4 大数据的关键问题与关键技术

1. 大数据的关键问题

大数据来源丰富且数据类型繁多，存储和分析挖掘的数据量庞大，对数据展现的要求较高，所以重视数据处理的高效性和可用性。

1) 非结构化和半结构化数据处理

研究如何利用信息技术等手段处理非结构化和半结构化数据是一项重要的研究课题。如果把通过数据挖掘提取粗糙知识的过程称为一次挖掘过程，那么将粗糙知识与量化后的主观知识，包括具体的经验、常识、本能、情境知识和用户偏好，相结合而产生智能知识的过程就称之为二次挖掘。

由于大数据具有的半结构化和非结构化特点，基于大数据的数据挖掘所产生的结构化的粗糙知识(潜在模式)也伴有一些新的特征。这些结构化的粗糙知识可以被主观知识加工处理并转化，生成半结构化和非结构化的智能知识。

2) 大数据复杂性与系统建模

大数据复杂性、不确定性特征描述的方法及大数据的系统建模问题的突破是实现大数据知识发现的前提和关键。从长远角度来看，依照大数据的个体复杂性和随机性所带来的问题将促进大数据数学结构的形成，从而完备大数据统一理论。从短期而言，学术界鼓励发展一种一般性的结构化数据和半结构化、非结构化数据之间的转化原则，以支持大数据的交叉应用。基于最优化的理论将在发展大数据知识发现的一般性方法和规律性中发挥重要的作用。

大数据的复杂形式导致许多对粗糙知识的度量和评估相关的研究。已知的最优化、数据包络分析、期望理论、管理科学中的效用理论可以被应用到研究如何将主观知识融合到数据挖掘产生的粗糙知识的二次挖掘过程中，人机交互将起到重要的作用。

3) 大数据异构性与决策异构性影响知识发现

数据异构性与决策异构性的关系对大数据知识发现与管理决策有重要影响。由于大数据本身的复杂性，这一问题是一个重要的科研课题，对传统的数据挖掘理论和技术提出了新的挑战。在大数据环境下，管理决策面临着两个异构性问题，即数据异构性和决策异构性问题。传统的管理决定模式取决于对业务知识的学习和日益积累的实践经验，而管理决策又是以数据分析为基础的。

大数据的出现改变了传统的管理决策结构的模式，大数据对管理决策结构的影响将成为一个公开的科研问题。除此之外，决策结构的变化要求人们去探讨如何为支持更高层次的决策而去做二次挖掘。无论大数据带来了何种数据异构性，大数据中的粗糙知识仍可被看作一次挖掘的范畴。通过寻找二次挖掘产生的智能知识来作为数据异构性和决策异构性之间的桥梁十分必要。探索大数据环境下决策结构是如何被改变的，相当于研究如何将决策者的主观知识参与到决策的过程中。

大数据是一种具有隐藏法则的人造自然，寻找大数据的科学模式将带来对研究大数据之美的一般性方法的探究，尽管这样的探索十分困难，但是如果我们找到了将非结构化、半结构化数据转化成结构化数据的方法，那么已知的数据挖掘方法将成为大数据挖掘的工具。

上述的大数据重要技术问题仅是一个研究大数据的起点。除此之外，还有一些数据科学的问题，包括在获得数据和从数据中产生规则方面可能存在的公理体系，基于数据库的知识发现规则与基于开放数据源的知识发现规则，以及大数据挖掘的整体和(或)局部解的存在性问题等。

2. 大数据的关键技术

针对上述的大数据的关键问题，大数据关键技术主要包括流处理、并行性、摘要索引和可视化。

1)流处理

伴随着业务发展的需求以及业务流程的复杂化，主要集中在数据流而非数据集上面。决策者感兴趣的是获取实时的结果，需要的是能够处理随时发生的数据流的架构，但是，当前的数据库技术并不适合数据流处理。

例如，计算一组数据的平均值，可以使用传统的方法实现。但对于移动数据平均值的计算，不论是数据到达、还是增长一个又一个的单元，需要更高效的算法。但是想创建一个数据流统计集，那需要逐步添加或移除数据块，进行移动平均计算，而且数据库不存在或者还不成熟。

此外，在应用数据流技术时，数据流周边的生态系统欠发达。换言之，如果正在与一家供应商洽谈一个大数据项目，那么必须知道数据流处理对项目而言是否重要，并且供应商是否有能力提供。

2)并行化

大数据的定义有许多种，以下这种相对有用。小数据的情形类似于桌面环境，磁盘存储能力在 1～10GB，中数据的数据量在 100GB～1TB，大数据分布式的存储在多台机器上，包含 1TB 到多个 PB 的数据。如果在分布式数据环境中工作，并且想在很短的时间内处理数据，这就需要分布式处理。Hadoop 是一个分布式并行处理平台。Hadoop 包含一个大型分布式的文件系统，支持分布式/并行查询。

3)摘要索引

摘要索引是一个对数据创建预计算摘要，以加速查询运行的过程。摘要索引的问题是，必须为要执行的查询做好计划。数据增长飞速，对摘要索引的要求远不会停止，不论是基于长期还是短期考虑，必须对摘要索引的制定有一个确定的策略。

4) 可视化

数据可视化包括了科学可视化和信息可视化。可视化工具是实现可视化的重要基础，可视化工具有两大类。

(1) 探索性可视化描述工具可以帮助决策者和分析师挖掘不同数据之间的联系，这是一种可视化的洞察力。类似的工具有 Tableau、TIBCO 和 QlikView 等。

(2) 叙事可视化工具可以独特的方式探索数据。例如，如果需要以可视化的方式在一个时间序列中按照地域查看一个企业的销售业绩，可视化格式将被预先创建。数据将按照地域逐月展示，并根据预定义的公式排序。

1.4 大数据农业应用

大数据涉及物理、生物、脑科学 、医疗、环保、经济、文化、安全等众多领域。为了有效应对大数据的挑战，抓住大数据的机遇，需要学术界、工业界以及政府部门在国家政策的引导下共同努力，通过消除壁垒、成立联盟、建立专业组织等途径，推广大数据应用示范。

农业关系国际民生，农业数据量庞大。一方面，就农业本身而言，农业包罗万象，包括土地资源、水资源等农业资源环境数据；土壤、大气、水质、气象、污染、灾害等农业生态环境数据；农业生物资源、农业种质资源等农业生物数据等；另一方面，就农业产、加、销等整个流程而言，包括农资管理数据、农业生产过程管理数据、农业储藏管理数据、农业物流运输管理数据、农产品加工数据、农产品市场流通数据以及农产品食品安全数据等。

1.4.1 大数据农业应用需求

计算机技术农业应用已有 30 多年的历史了，经历了从起步、普及、提高、推进等一系列的阶段。进入 21 世纪以来，农业与农村信息技术的研究和应用进入高速发展阶段，已成为现代农业的重要标志。进入“十二五”以来，以农业物联网技术和智能装备技术为代表的农业信息技术正逐步融入到农业生产经营的全过程，农业形态和过程都发生了深刻的变化。一是“更透彻的感知”，通过智能传感设备广泛应用，实现农业生产全过程的数字化与可感知，包括作物长势、作物营养、畜禽生长信息、土壤参数、环境信息、气候变化等；二是“更全面的互联互通”，物联网、传感网、因特网等在农业领域应用，实现了农民、生命体与资源环境的互联互通，实现了消费者、农产品、市场的互联互通；三是“更深入的智能化”，通过云计算和超级计算机等先进技术，对感知的海量数据进行分析处理，农业生产决策、农产品市场管理等更加智能。

近几年来，很多国家都在积极推进农业信息化发展，在测土配方施肥、生物信息、价格分析预测、生产决策等方面的应用，大数据都将发挥巨大的作用，从而提高农业生产效率、不断改善农业环境。随着各种智能传感终端的农业应用，农业数据来源更加广泛、更新更加迅速、类型更加多样，农业数据体量大、结构复杂、模态多变、实时性强、关联度高。农业大数据还处于初级阶段，由于过去的系统与子系统的庞大，数据的产生是无序的，而随着农业信息化发展，我们要做的不仅是以部门功能需要为主体的信息化，现在急需改革的是以数据为核心的数据信息化。

我国是农业大国，一直非常重视全国性的农业科技信息资源数据资源建设。农业领域是大数据产生的无尽源泉，具有浩大的数据基础。随着各种智能传感终端的农业应用，农业数据来源更加广泛、更新更加迅速、类型更加多样，农业数据体量大、结构复杂、模态多变、实时性强、关联度高，利用大数据技术进行农业相关应用研究，需求迫切，意义重大。

1.4.2 大数据农业应用方向

随着大数据的理论和技术不断发展，大数据技术带领农业信息化的革命大数据时代已是势不可当，对农业领域的各个方面都将产生革命性的影响。

1. 精准农业决策支持服务

决策分析是精准农业技术体系中的核心，致力于根据农田小区作物产量和相关因素，在农田内的空间差异性，实施分布式的处方农作。虽然专家系统、作物模拟模型、作物生产决策支持系统传统的生产决策技术取得了一些成果，但效果并不理想。利用大数据处理分析技术，集成作物自身生长发育情况以及作物生长环境中的气候、土壤、生物、栽培措施因子等数据，综合考虑经济、环境和可持续发展的目标，突破专家系统、模拟模型在多结构、高密度数据处理方面的不足，为农业生产决策者提供精准、实时、高效、可靠的辅助决策。

2. 生物信息处理

农业生物信息科学研究数据量巨大，以蛋白模拟参数计算为例，一周数据量约10G，缺少有效的数据处理平台，很难取得重大农业科学问题的突破，应该充分利用农业大数据技术发展的机会，建设国家农业科研大数据处理中心，面向生物信息学的基因计算、基因测序、生物模拟等高性能计算服务，创新农业科研方式，提高我国农业科研创新能力。

3. 农业生产环境优化与控制

农业生产环境监测与控制系统属于复杂大系统，贯穿农业信息获取、数据传输与网络通信、数据融合与智能决策、专家系统、自动化控制等于一体，在大田粮食作物生产、设施农业、畜禽水产养殖等方面广泛应用。利用大数据技术，突破多源数据融合、数据高效实时处理等方面的瓶颈，实现农作物生长过程的动态、可视化分析与管理以及畜禽养殖的个性化、集约化、工厂化管理。

4. 农业农村综合信息服务

农业农村综合信息服务，集成与整合各分散的信息资源与系统，在全国范围实现信息资源的共享。利用大数据处理分析技术，研究复杂多样、动态时变用户需求的快速聚焦与大规模服务及用户动态需求组合的学习和进化机制模型，突破农户需求智能聚焦技术，实现信息服务按需分配以及云环境下大规模部署的智能系统服务与庞大“三农”用户群的多样性、地域性、时变性等个性化需求快速对接。

5. 农业宏观监测预警

农业宏观监测预警是指对农业生产、市场运行、消费需求、进出口贸易及供需平衡等情况进行的全产业链信息采集、数据分析、预测预警与信息发布。目前这类数据非常庞大，常规的数据分析根本无法进行监测预警。利用大数据智能分析和挖掘技术，实现农业数据快速采集、数据关联分析预测、预警模型建立、预警多维模拟和可视化等功能，将大幅度提高农业监测预警的准确性。

6. 农情遥感监测

农情信息遥感监测主要是指利用遥感等信息技术对农业生产情况信息，如作物面积、长势和产量信息、农业灾害信息、农业资源信息等，进行远程监测和综合评价，辅助农业生产决策的过程。基利用大数据分析处理技术，研究天地网一体化农业监测系统中的多源多类数据的智能融合与分析、定量化反演以及网络化集成与共享关键技术，实现全局数据发现与跨学科的数据集成和互操作，为农业遥感信息的深入分析提供支撑。

1.4.3 大数据农业应用实例

大数据技术发展迅猛，各国政府、社会组织、企业都意识到大数据这场旋风所带来的机遇，开始发力推动大数据在农业领域的跨界应用。目前，大数据农业应用领域的经典案例主要有以下几个。

1. 农业保险服务

2006 年美国 Climate Corporation 成立，该公司为农业种植者提供名为 Total

Weather Insurance（TWI）、涵盖全年各季节的天气保险项目。该项目利用公司特有的数据采集与分析平台，每天从250万个采集点获取天气数据，并结合大量的天气模拟、海量的植物根部构造和土质分析等信息对意外天气风险做出综合判断，为农业种植者提供基于SaaS的涵盖全年各季节的TWI服务。公司声称该保险的特点是：当损失发生并需要赔付时，只依据天气数据库，而不需要繁琐的纸面工作和恼人的等待。2013年，孟山都公司(Monsanto)宣布收购Climate Corporation公司，利用大数据技术提高农业生产，启用了集成农场系统平台(Integrated Farming Systems platform)，集成种子、大田、数据分析、精准设备等解决方案，达到最优化农业生产。

2. 农场云端管理服务

Farmer on旨在为全世界的农民提供类似于Google Analytics的数据跟踪和分析服务。农民可在其网站上利用这款软件，记录和跟踪自己饲养畜牧的情况(饲料库存、消耗和花费，畜牧的出生、死亡、产奶等信息，还有农场的收支信息)。公司利用大数据技术提高农业生产，集成种子、大田、数据分析、精准设备等解决方案，达到最优化农业生产。其可贵之处在于：农场云端管理服务商帮助农民将支离破碎的农业生产记录整理到一起，用先进的分析工具和报告有针对性地监测分析农场及生产状况，有利于农民科学地制定农业生产计划。Farmer on创建于克罗地亚，自2011年11月成立至今，Farmer on已在14个国家建立农业管理平台，为450个农场提供商业监控服务。

3. 土壤抽样分析服务

Solum致力于提供精细化农业服务，目标是帮助农民提高产出、降低成本。其开发的软、硬件系统能够实现高效、精准的土壤抽样分析，以帮助种植者在正确的时间、正确的地点进行精确施肥。土壤抽样分析服务致力于提供精细化农业服务，目标是帮助农民提高产出、降低成本。其开发的软、硬件系统能够实现高效、精准的土壤抽样分析，以帮助种植者在正确的时间、正确的地点进行精确施肥。既可以在田间地头进行分析，即时获取数据；又可以把土壤样本寄给该公司的实验室，让他们帮助你进行分析。用户既可以通过公司开发的No Wait Nitrate系统在田间地头进行分析，即时获取数据；也可以把土壤样本寄给该公司的实验室，让他们帮助你进行分析。Solum成立于2009年，总部位于美国硅谷。继2012年获得Andreessen Horowitz领投的1700万美元投资后，已累计融资近2000万美元。

4. 社区生鲜超市的数据化管理

社区生鲜超市数据化管理主要内容是，物品一经收银员扫描，总部的服务器马上就能知道哪个门店，哪些消费者买了什么。系统免费为顾客办理实名制会员卡，用户持卡结账可以享受优惠，但不找零，这样一来，既可以提高收银效率，又为数据分析提供基础。在一些细节上，收银模块甚至比一些大超市更细致，比如，信息被扫描进系统后，顾客突然要求退掉其中一件或几件，或者整单全部退掉，为什么要退掉，这些信息全都被写入了后台数据库。2012 年，M6 的服务器开始从互联网上采集天气数据，然后，从中国农历正月初一开始推算，分析不同节气和温度下，顾客的生鲜购买习惯会发生哪些变化。

5. 城市利用云和大数据进行农业生产

日本宫崎县“都城”市利用云和大数据进行农业生产。通过传感器、摄像头等各种终端和应用收集和采集农产品的各项指标，并将数据汇聚到云端进行实时监测、分析和管理。富士通和新福青果合作进行卷心菜的生产改革，在农田里安装了内置摄像头的传感器。把每天的气温、湿度、雨量、农田的图像储存到云端。还向农民发放了智能手机和平板电脑，让大家随时记录工作成果和现场注意到的问题，也都保存到云端，光合作用也实现 IT 管理，致使卷心菜增产 3 成。

6. 机器挤牛奶

明尼苏达州 Astronaut A4 挤奶机不仅帮农场主可以代替农场主喂牛，还会使用无线电或红外线来扫描牛的项圈，辨识牛的身份，在挤奶时对牛的几项数据进行跟踪：牛的重量和产奶量，以及挤奶所需的时间、需要喂多少饲料，甚至牛反刍需要多长时间。机器也会从牛产的奶中收集数据。每一个乳头里挤出的奶都需要查验颜色、脂肪和蛋白质含量、温度、传导率(用于判断是否存在感染的指标)，以及体细胞读数。每头牛身上收集到的数据汇总后得出一份报告；一旦检测到问题，奶农的手机上会得到通知。

第 2 章　大数据存储与管理

非结构化是大数据的重要特征之一，如何将大数据组织成合理的逻辑结构与存储结构是大数据管理中的一个重要问题，也是一项重大技术进展。

2.1　概述

为满足大数据存储与管理的需求，NoSQL 数据库系统应运而生，NoSQL 不是代表一个产品及一种技术，而是代表一族产品及一系列的、不同类型的有时相互关联的数据存储与处理的技术集合。

2.1.1　非结构化问题

可计算性问题是指可以使用计算机来解决的实际问题，而计算机(冯诺依曼机)本身的优势在于数值计算，很多非数值问题(比如，文字识别，图象处理等)都通过转化成为数值问题，再由计算机处理。一个可以使用计算机解决的问题被定义为可以在有限步骤内被解决的问题，哥德巴赫猜想这样的问题就不属于可计算问题，因为计算机没有办法给出数学意义上的证明，所以也没有任何理由期待计算机能解决世界上所有的问题。分析某个问题的可计算性意义重大，它使得人们将资源集中在可以解决的问题集中，而不必浪费时间去解决不可能解决的问题，可以尽早转向使用计算机以外的更加有效的手段去解决。

计算机所能处理的问题是离散数值问题，对于连续性非线性复杂问题，需要用有限元等计算数学工具，把问题映射成计算机能够处理的离散数值计算类问题。随着计算机功能的强大，计算机进入以数据、信息处理为基础的广泛应用领域，最成功的是结构化数据、信息处理的应用。结构化计算要求每个信息和数据都可以分解为多个有意义的字段，计算机处理的不是单纯的数值，而是结构数据和信息。

随着计算机处理能力的扩大，也为处理复杂的非结构化信息提供了可能的技术。结构数据与信息所占份额比例小，大多数的数据都是非结构数据，对非结构数据计算的研究备受重视并已成为研究热点。

2.1.2　NoSQL 的产生

NoSQL 出现于 1998 年，是由 Carlo Strozzi 开发的一个轻量级的、开源的、不提供 SQL 功能的关系数据库。在 2009 年，Johan Oskarsson 发起了一次关于分布式开源数据库的讨论。来自 Rackspace 的 Eric Evans 再次提出了 NoSQL 的概念，这时的 NoSQL 主要指非关系型、分布式、不提供ACID特性的数据库设计模式。2009 年在亚特兰大举行的 no:sql(east) 讨论会是一个新的里程碑。对 NoSQL 最普遍的解释是非关系型的、强调键值存储和文档数据库的优点，而不是单纯的关系型数据库。

NoSQL 是 Not Only SQL 的英文简写，其含义是不仅是结构化查询，所以它是不同于传统的关系型数据库的数据库管理系统的统称。NoSQL 与 SQL 的显著的区别是 NoSQL 不使用 SQL 作为查询语言。其数据存储不使用固定的表格模式，也避免使用 SQL 的JOIN操作，具有横向可扩展性的特征。NoSQL 的实现具有两个重要点，一个是主要使用硬盘作为存储载体，另一个是尽可能将随机存储器作为存储载体。

关系型数据库中的表存储格式化的数据结构，每个元组字段的组成都相同，既使每个元组不是都需要所有的字段，但数据库还是为每个元组分配所有的字段，这样的结构便于表与表之间进行连接等操作，但却出现了冗余，从这一点考虑它也是关系型数据库性能提高的一个瓶颈。而非关系型数据库以键值对存储，其结构不固定，每一个元组可以有不一样的字段，而且每个元组可以根据需要增减自己的键值对，这样就不局限于固定的结构，可以减少时间和空间的开销，适用非结构化数据存储。

随着 Web 2.0 网站的出现与应用，特别是构建大型的、高并发的社交网络时，关系型数据库应用出现了下述问题。

1. 高并发读写的需求

Web 2.0 网站需要高并发写请求。Web 2.0 网站要根据用户个性化信息来实时生成动态页面和提供动态信息，因为数据库并发读写率非常高，通常要达到每秒上万次读写请求，所以基本上无法使用动态页面静态化技术。关系型数据库可以响应每秒上万次 SQL 查询，但是响应上万次 SQL 写数据请求无法完成。这是由于对硬盘的写入过程速度比读出过程的速度慢的原因。

2. 高效率存储和访问的需求

对于大型的社交网站来说，每天产生大量的用户动态信息。对于关系数据库来说，在一张存储 2.5 亿条记录的表中进行 SQL 查询，效率极低。此外，大型 Web 网站的用户登录系统，面对数以亿计的账号，关系数据库困难重重。

3. 高可扩展性和高可用性的需求

在基于 Web 的架构中，数据库进行横向扩展困难。当一个应用系统的用户量和访问量与日俱增时，数据库却没有办法像 Web Server 和 APPServer 那样简单地通过添加更多的硬件和服务节点来扩展性能和负载能力。对于很多需要提供 24 小时不间断服务的网站来说，对数据库系统进行升级和扩展困难，通常需要停机维护和数据迁移，可是停机维护随之引起效率降低。

对于 Web 2.0 网站来说，关系数据库的很多主要特性无法发挥。例如，很多 Web 实时系统并不要求严格的数据库事务一致性，对读一致性的要求很低，对写一致性要求也不高。对关系数据库来说，插入一条数据之后立刻查询，虽然可以读出这个数据，但是对于多数 Web 应用，并不要求这么高的实时性。对复杂的 SQL 查询，特别是多表关联查询的需求。任何大数据量的 Web 系统都避免多个大的关联查询，以及复杂报表查询。尤其是社交类型的网站，从需求以及产品设计角度，就需要避免产生这种情况。更多地采用单表的主键查询，以及单表的简单条件分页查询，这就极大地弱化了 SQL 的功能，为了解决这类问题，NoSQL 数据库应运而生。NoSQL 数据存储不需要固定的表结构，也不存在连接操作。在大数据存取方面，NoSQL 具有关系型数据库无法比拟的优秀性能。

NoSQL 是非关系型的、分布式的、开源的横向可扩展的数据库。横向扩展可以将多个服务器在逻辑上看成一个实体。NoSQL 主要用于 Web 大规模的非关系型数据存储。具有模式自由、支持简易复制、简单的 API、最终的一致性、大容量数据等特性。NoSQL 数据库应用最多的是键值存储方式，还包括文档型存储方式、列存储方式、图存储方式、面向对象存储方式与 XML 等存储方式等。

2.2 大数据存储与管理的特点与挑战

NoSQL 数据库是大数据存储与管理的重要工具，而 CAP 理论、BASE 模型和最终一致性是 NoSQL 数据库存在的三大基石。NoSQL 数据库满足了数据存储的横向扩展的需求。一些开源的 NoSQL 体系，例如 Facebook 的 Cassandra、Apache 的 HBase 等得到了广泛应用。

2.2.1 特点

基于 NoSQL 的大数据存储与管理的主要特点如下所述。

1) 运行在 PC 服务器集群上

PC 集群扩充方便并且成本很低，避免了传统商业数据库共享操作的复杂性。

2) 突破了性能瓶颈

NoSQL 可以省去将 Web 或 Java 应用和数据转换成 SQL 格式的时间，执行速度变得更快。

3) 没有过多的操作

NoSQL 能够满足企业的具体需求，没有过多的操作。

4) 支持者源于社区

因为 NoSQL 项目都是开源的，因此它们缺乏供应商提供的正式支持，但得到了社区支持。

5) 弹性扩展

当负载增加时，可以将数据库分不到多个不同的主机上。随着每秒事务数与可用性需求的提高，数据库往云端或虚拟环境的迁移，NoSQL 数据库从设计之初就考虑了透明横向扩展。

6) 大数据量

NoSQL 系统可以存储与处理大数据量，例如 Hadoop 平台超过目前最大的 RDBMS 可以管理的数据规模。

7) 灵活的数据模型

NoSQL 的键值存储与文档数据库允许应用在一个数据单元中存入任何结构。即使是定义更加严格的基于 BigTable 的 NoSQL 数据库。

2.2.2 挑战

在 NoSQL 没有得到大数据广泛应用以前，还有许多困难需要克服，必将面对许多新的问题。

1. 成熟度

与 NoSQL 相比，RDBMS 系统更加稳定，而且功能也更加丰富，但是 NoSQL 数据库正在快速发展中，许多关键性的功能还有待实现与完善。对于大多数开发者来说，最经常使用的是最成熟的技术而不是最新的技术。

2. 支持

用户希望能得到产品维护的支持与保证，但大多数的 NoSQL 系统都是开源项目，虽然对于每个 NoSQL 数据库来说，通常也有一个或多个小型公司对它们提供支持，但是在支持的范围与资源或可信度方面，不能与 Oracle、Microsoft 或 IBM 等大型著名公司比较。

3. 分析和商业智能化

NoSQL 数据库现在可以满足现代的 Web2.0 应用程序的高度的可扩展性的要求。导致大多数功能都是面向这些应用程序而设计。然而，在一个应用程序中，具有商业价值的数据已经超出了一个标准的 Web 应用程序需要的“插入—读取—更新—删除”的范围。在数据库中进行商业信息的挖掘可以提高企业的效率和竞争力。NoSQL

数据库几乎没有提供专用的查询和分析工具。即使是一个简单的查询，也要求操作者具有很高超的编程技术，而且，常用的商业智能工具无法与 NoSQL 连接。

像 Hadoop 中的 HIVE 或 PIG 一些解决方案能够提供帮助，可以使访问 Hadoop 集群中的数据变得更加容易。

4. 管理

NoSQL 的设计目标是提供一个零管理的解决方案，目前还远没有达到这个目标。安装 NoSQL 需要很多技巧，维护也需要很多技术。

5. 专业知识

SQL 开发者对 RDBMS 的概念和编程方法很熟悉，但是，多数 NoSQL 开发者都正处于学习状态中。虽然这种情况会随着时间的推移而改变，但是现在找到一些有经验的一个 NoSQL 程序员或管理员要比找到 RDBMS 专家更为困难。

2.3 主要存储方式

在 NoSQL 数据库中，最常用的存储方式有文档式存储、列式存储、键值式存储、对象式存储、图形式存储和 XML 存储等。

2.3.1 键值存储方式

关系型数据库中的表都是存储一些格式化的数据结构，每个元组字段的结构都一样，即使不是每个元组都需要所有的字段，但数据库系统将为每个元组分配所有的字段，这样的结构可以便于表与表之间进行连接等操作，但它也是影响关系型数据库性能提高的一个因素，不能满足以下的需求。

- 对数据库高并发读写的需求；
- 对海量数据的高效率存储和访问的需求；
- 对数据库的高可扩展性和高可用性的需求。

为了解决这类问题，非关系数据库应运而生。Google 的 BigTable 与 Amazon 的 Dynamo 是非常成功的 NoSQL 数据库。一些开源的 NoSQL 数据库，如 Membase，MongoDB，Cassandra，BeansDB，Redis 等也得到了广泛应用。

1. 键值存储的概念

键值存储方式是 NoSQL 数据库中最常用的存储方式，它的数据是以键值的形式存储，虽然它的处理速度非常快，但是只能通过键的完全一致查询获取数据。

键值存储，即 Key-Value 存储，简称 KV 存储，它是 NoSQL 存储的一种常用方式。它的数据按照键值对的形式进行组织，索引和存储。键值存储非常适合不涉及过多数据关系的业务数据，同时能有效减少读写磁盘的次数，NoSQL 数据库比 SQL 数据库拥有更好的读写性能。

2. 键值存储方式的分类

不管值的存储格式如何，键值存储方式根据数据的保存方式可以分为临时性、永久性和混合型三种形式。基于键值存储方式建立数据库的主要特点是具有极高的并发读写性能。例如，BigTable、Memcachedb、Keyspace等 NoSQL 数据库都采用了键值存储方式。

1) 临时型

在临时型的键值存储方式中，将所有的数据都保存在内存中，这样保存和读取的速度快。但当数据库停止工作时，数据就不存在了，而且，由于数据保存在内存中，所以无法操作超出内存容量的数据。

2) 永久型

与临时型相反，在永久型的键值存储方式中，数据不会丢失，数据保存在磁盘中，就必然对磁盘进行读写操作，所以性能受到影响，但数据不会丢失是其最大的优势。

3) 混合型

混合型的键值存储方式集合了临时型的键值存储方式和永久型的键值存储方式的特点，进行了折中处理。首先将数据保存在内存中，在满足特定条件例如 10 分钟内一个以上键发生变更、5 分钟内 10 个以上键发生变更、1 分钟内 10000 个以上的键发生变更的时候将数据写入到硬盘中。这样既保证了内存中数据的处理速度，又可以通过写入硬盘来保证数据的永久性这种存储方式的数据库适合处理数组类型的数据。总结归纳如下：

(1) 同时在内存与硬盘上保存数据；

(2) 可以进行非常快速地保存与读取处理；

(3) 保存在硬盘上的数据不会丢失(可以恢复)；

(4) 适合处理数组类型的数据。

3. 举例

BigTable 采用了键值存储方式，是非关系的分布式数据存储系统。BigTable 是一个稀疏的、分布式的、持久化存储的多维度排序映射。Bigtable 的设计目的是可靠的处理 PB 级别的大数据，并且可以部署到上千台机器上。

对 Bigtable 而言，数据是没有格式的，即没有表，用户自己去定义表。用户也可以自己推测底层存储数据的位置相关性，例如，对于树状结构具有相同前缀的数据的存放位置相接近。在读取时，可以将这些数据一次读取出来。数据的下标是行和列的名字，名字可以是任意的字符串。Bigtable 将存储的数据都视为字符串，但是 Bigtable 本身不去解析这些字符串，客户程序通常在把各种结构化或者半结构化的数据串行化到这些字符串中。通过仔细选择数据的模式，用户可以控制数据的位置相关性。最后，可以通过 Bigtable 的模式参数来控制数据是存放在内存中、还是硬盘上。

1) 主要特点

(1) 适合PB级数据；

(2) 分布式并发数据处理，效率极高；

(3) 易于扩展，支持动态扩展；

(4) 适用于廉价设备；

(5) 适合于读操作，不适合写操作；

(6) 不适用于传统关系数据库。

2) 应用领域

BigTable 数据库为搜索、地图、财经、打印、社交网站、视频共享网站和博客网站等业务提供技术支持。

3) 数据模型

Bigtable 的键值存储方式是一个分布式的、稀疏的、持久化的和多维的排序映射。Bigtable 的键具有三个维数，分别是行键、列键和时间戳，行键和列键都是字节串，时间戳是 63 位整型数；而值是一个字节串。可以用

```
(row:string, column:string, time:int 64)→string
```

来表示一条键值对记录。

Bigtable 的行键可以是任意字节串，通常有 10～100B，行的读写都是原子性的。按照行键的字典序存储数据。Bigtable 的表根据行键自动划分为片，片是负载均衡的单元。最初表都只有一个片，但随着表不断增大，片自动分裂，片的大小控制在 100～200MB。行是表的第一级索引，可以把该行的列、时间和值看成一个整体，简化为一维键值映射，例如：

```
table{
"1":{sth.},//一行
"aaaa":{sth.},
"aaab":{sth.},
"aabb":{sth.},
"abbb":{sth.}
}
```

列是第二级索引，每行拥有的列不受限制，可以随时增加减少。为了方便管理，列被分为多个列族(column family)，是访问控制的单元，一个列族里的列一般存储相同类型的数据。一行的列族很少变化，但是列族里的列可以随意添加删除。列键按照 family:qualifier 格式命名的。这次将列拿出来，将时间和值看成一个整体，简化为二维键值映射，类似于：

```
table{
// ...
"aaaa":{//一行
"A:foo":{sth.},//一列
"A:bar":{sth.},//一列
"B:":{sth.}//一列，列族名为 B，但是列名是空字串
},
"aaab":{ //一行
"A:foo":{sth.},
"B:":{sth.}
},
// ...
}
```

或者可以将列族当作一层新的索引，类似于：

```
table{
// ...
"aaaa":{ //一行
"A":{//列族 A
"foo":{sth.},//一列
"bar":{sth.}
},
"B":{//列族 B
"" : {sth.}
}
},
"aaab":{//一行
"A":{
"foo":{sth.},
},
"B":{
"":"ocean"
```

```
}
},
//...
}
```

时间戳是第三级索引。Bigtable 允许保存数据的多个版本，区分版本的依据就是时间戳。时间戳可以由 Bigtable 赋值，代表数据进入 Bigtable 的准确时间，也可以由客户端赋值。数据的不同版本按照时间戳降序存储，因此先读到的是最新版本的数据。加入时间戳后，就得到了 Bigtable 的完整数据模型，类似于：

```
table{
// ...
"aaaa":{//一行
"A:foo":{ //一列
15:"y",//一个版本
4:"m"
},
"A:bar":{ //一列
15:"d",
},
"B:":{ //一列
6:"w"
3:"o"
1:"w"
}
},
// ...
}
```

查询时，如果只给出行列，那么返回的是最新版本的数据；如果给出了行列时间戳，那么返回的是时间小于或等于时间戳的数据。例如，查询"aaaa"/"A:foo"，返回的值是"y"；查询"aaaa"/"A:foo"/10，返回的结果就是"m"；查询"aaaa"/"A:foo"/2，返回的结果是空。

持久化是指 Bigtable 的数据最终会以文件的形式放入 Google 文件系统(Google File System，GFS)。Bigtable 建立在 GFS 之上表明分布式。稀疏是指一个表中不同的行，列可能完全不一样。

键值数据库的存取效率较高，能够支持大数据中心的数据管理与高速查询，但仅适于关键字查询，对于非关键字查询和需要逻辑计算的查询，效率较低。

2.3.2 文档存储方式

文档存储方式与键值存储方式不同的是文档存储方式可以通过复杂的查询条件来获取数据。虽然不具备实务处理和 JOIN 等关系数据库所具有的处理能力，但除此以外的其他处理基本上都能实现。

主要解决的问题不是高并发读写操作，而是实现海量数据存储，同时具有优异的查询性能。BaseX、CouchDB、eXist、Jackrabbit、Lotus Notes、MarkLogic Server、Terrastore、MongoDB和OrientDB数据库等都是典型的文档存储方式，文档存储方式的 NoSQL 数据库主要由文档、集合、数据库组成。

(1) 文档相当于关系数据库中的一条记录；

(2) 多个文档组成一个集合，集合相当于关系数据库的表；

(3) 将多个集合在逻辑上组织在一起就是数据库。

例如文档数据库(MongoDB)中的一个文档为：

```
{
"name":"zhang",
"scores": [75, 99, 87.2]
}
```

其主要特性如下所述。

1. 不定义表结构

文档存储 NoSQL 数据库不定义表结构、但却可以像定义了表结构一样使用。关系型数据库在变更表结构时比较麻烦，而且为了保持一致性还需要修改程序。但文档存储 NoSQL 数据库可以省去这些步骤，方便、简单而快捷。

2. 单个文档中存在相关数据

NoSQL 数据库并不是绝对没有相对关系结构的记录文件的集合，而是在记录中存储的数据包含有节点的树状数据。数据库中的每个记录都以文档形式存在，具备自我描述的功能，并且独立于任何其他文档。

例 1：文档数据库(CouchDB)中的一个文档为：

```
{
"Subject":"I like Plankton"
"Author":"Rusty"
"PostedDate":"5/23/2006"
"Tags": ["plankton","baseball","decisions"]
```

```
"Body":"I decided today that I don't like baseball. I like plankton."
}
```

3. 唯一键

主键不能重复，不能为空，唯一键不能重复，可以为空。这样的目的是主键是用来标识数据库中一条记录的，所以不可以为空，唯一键是用来标识数据库中一条记录是否为唯一，所以可以为空。

所有数据库都需要键。如果不提供键，系统则将自动地在内部创建一个键。键对于数据库的索引功能至关重要。

2.3.3 列存储方式

基于列存储方式的 NoSQL 数据库可以实现按列存储数据，其最大的特点是方便存储结构化数据、半结构化数据及数据压缩，对于某一列或某几列的查询具有显著的 I/O 优势。例如Cassandra数据库、HBase数据库和Hypertable等数据库都是基于列存储方式的 NoSQL 数据库。虽然 BigTable 与关系数据库类似，但实际上却有本质的不同，关系数据库是按行存储数据，列数据库是按列存储数据。因为列数据库中不存在关系，所以不可以将适用于关系数据库的解决方案强加给列数据库。

1. 列存储的概念

列存储方式能够高效地存储数据，如果列值不存在就不存储，这样一来，当遇到 null 值时就能避免浪费空间。在列存储方式中，列族(Column Family)、超列(Super Column)和列(Column)是三个重要的概念。列族和超列在数据库中不占存储空间，也就是说如果它们没有值，就不占用字节，列族与传统数据库中的表类似，但和表又不一样，在列族中的唯一定义是名称和键排序选项。

(1)列：列是一个由名称，值和时间戳组成，可以忽略时间戳，可看作是一个键-值对。

(2)超列：超列是一个字典，它是一个包含其他列的列，但不能包含另一个超列。

(3)列族：一个列族中的所有数据都将保存在相同的文件中，一个列族可以容纳多个超列或列。

通常将列存储方式的 NoSQL 数据库称之为列族数据库(CFDB)。在列族数据库中，如果列与超列内部没有值，它们不占用任何字节，列族与传统数据库中的表类似，但与表又不一样，在列族中的唯一定义是名称和键排序选项，没有任何模式。列族数据库是围绕真实的物理模型设计，消除了抽象设计。如果架构不正确，那么就无法获取数据，因为列族数据库是分布式的，所以列族数据库按照键或键范围两种形式进行查询，又因为数据是基于列族的排序顺序存储的，除了选择升序和降序外，没有办法改变排序方式的，键决定了数据的真实物理位置。与关系数据库中的排序顺序不一样，列数据库的排序顺序不受列的值影响，只受列名的影响。

2. 举例

每个数据单元可以作为一组键值对集合，集合本身通过主键标识，又将主键称之为行键。另外，单元按顺序排列进行存储，数据单元按行键排序。例如，下述一张表存储与人相关的信息。其中包含以下各列：名字(name)、职业(occupation)、邮编(post_code)、性别(gender)。

表中某人信息如下：

Name：liuming

post_code:100083

gender:male

同一张表中的另一组数据：

Name：liyong

post_code:102200

第一个数据的行键为 1，第二个数据的行键为 2。列存储方式的 NoSQL 数据库将行键为 1 的数据存储在行键为 2 的数据前面，而且两条数据相互比邻。此外，每条数据中只有合法的键值对才会被存储。数据按列族存储。列族通常是在配置或启动时定义，列不需要预先定义或声明，列可以存储任何数据类型。假设上述例子中列族 name 的成员包括列 Name，列族 location 的成员包括 post_code，列族 profile 的成员包括 gender。这样一来，上例的列族 Name 中存储下列值：

For row-key:1

Name：liuming

For row-key:2

Name：liyong

列族 location 中存储下列值：

For row-key:1

post_code:100083

For row-key:2

post_code:102200

列族 profile 只有行键 1 对应的数值，则它存储为：

For row-key:1

gender:male

在实际存储中，物理上一条数据的列族并不相互隔离，同一行键的所有数据存储在一起。列族可以代表成员列的键，而行键则代表整条数据的键。

CFDB 设计目标就是运行在多台机器上，存储大量信息的，在关系数据库中几乎是不可能存储这么多数据的。

Hbase 是 Bigtable 的开源版本，是建立的 HDFS 之上，提供高可靠性、高性能、列存储、可伸缩、实时读写的数据库系统。它介于 NoSQL 和 RDBMS 之间，仅能通过主键和主键的范围来检索数据，仅支持单行事务(可通过 hive 支持来实现多表 join 等复杂操作)。主要用来存储非结构化和半结构化的松散数据。与 Hadoop 一样，Hbase 目标主要依靠横向扩展，通过不断增加商用服务器，来增加计算和存储能力。Hbase 中的表的特点如下：

- 一个表可以有上亿行，上百万列
- 面向列(族)的存储和权限控制，列(族)独立检索。
- 对于为空(null)的列，并不占用存储空间，因此，表可以设计得非常稀疏。

3. 行存储方式与列存储方式的比较

传统的关系型数据库主要采用行存储方式，大数据的高效存储与访问要求引发了从行存储模式向列存储模式的转变，样例数据库如表 2-1 所示。

表 2-1　样例数据库

用户	生日	聊天记录	日均在线增长
1	1980-5-19	Xxxxyyyy…	2
2	1988-7-22	Mm nnnn…	3.9

其行存储为：

用户 1	1980-5-19	Xxxxyyyy…	2
用户 2	1988-7-22	Mm nnnn…	3.9

其列存储为

用户 1	1980-5-19
用户 2	1988-7-22

……

用户 1	Xxxxyyyy…
用户 2	Mm nnnn…

……

用户 1	2
用户 2	3.9

行存储方式与列存储方式的比较说明如表 2-2 所示。

表 2-2　行存储方式与列存储方式的比较

	行存储方式	列存储方式
存储	一行中各列一起存放，单行集中存储	一行中各列独立存放，单列集中存储
索引效率	海量数据索引既占用大量空间，而且索引效率随着数据增长越来越低	基于列自动索引，大数据查询效率高，不产生额外存储
空间效率	同一行不同列的数据类型不同，压缩效率低，空置列依然占据空间	列同数据类型，压缩效率高，空置不占据空间
I/O	查某列必须读出整行，I/O 负荷高、速度慢	只需读出某列数据、I/O 负荷低、速度快
结构	表结构改变后，影响很大	可以随时动态增加列
适用场景	数据写入后需要修改和删除，基于行的反复查询，多用于 OLTP 数据库	批量数据一次写入和基于少量列的反复查询，多用于 OLAP 数据库

2.3.4　图形存储方式

图形存储方式的 NoSQL 是最适合图形关系的存储方式，如果使用传统的关系数据库来解决图形存储，其性能低下，而且设计困难。例如AllegroGraph、DEX、Neo4j和FlockDB等数据库都是图形存储方式的 NoSQL 数据库。

1. 属性图信息

在图的领域，存在着很多不同类型的图模型。按照该模型，属性图中信息的建模使用下述 3 种构造单元：

节点：即顶点；

关系：即边，具有方向和类型(标记和标向)；

特性：即节点和关系的属性。

这个模型是一个被标记和标向的属性多重图。被标记的图每条边都有一个标签，它被用来表示那条边的类型。有向图允许边有一个固定的方向，方向是从末或源节点到首或目标节点。属性图允许每个节点和边有一组可变的属性列表，其中的属性是关联某个名字的值，其作用简化了图形结构。多重图允许两个节点之间存在多条边。这表明两个节点可以由不同边连接多次，即使两条边有相同的尾、头和标记。

2. Neo4j 图形数据库

图形结构的数据库同其他行列以及 SQL 关系数据库不同，它使用灵活的图形模型，并且能够扩展到多个服务器上。NoSQL 数据库没有标准的查询语言，因此进行数据库查询需要制定数据模型。许多 NoSQL 数据库都有 REST 式的数据接口或者查询 API。

常用的图形数据库有 Neo4J、InfoGrid、Infinite Graph 等。典型应用于社交网络，推荐系统等，重要用于构建关系图谱。

数据模型为图结构，能够更有效利用图结构相关算法，其不足之处是需要对整个图做计算才能得出结果，应用分布式的集群方案较困难。

NoSQL 数据库在以下的这几种情况下比较适用：

(1) 数据模型比较简单；

(2) 需要灵活性更强的 IT 系统；

(3) 对数据库性能要求较高；

(4) 不需要高度的数据一致性；

(5) 对于给定键，比较容易映射复杂值的环境。

2.3.5 各种典型的存储类型所对应的 NoSQL 数据库

表 2-3 所示的内容就是各种典型的存储类型所对应的 NoSQL 数据库产品，但它们之间也有交叉的情况，比如 Tokyo Cabinet / Tyrant 的 Table 既可以划为键值存储类型，又可以理解为文档存储类型。也可以按使用语言类型不同分类，NoSQL 数据库常使用的语言有：C/C++，Java 及 Erlang 等，每种 NoSQL 数据库都有其特点，可以根据实际需要，合理地选择使用。

表 2-3 存储类型及其所对应的典型 NoSQL 数据库

存储类型	典型的 NoSQL 数据库产品
文档存储方式	MongoDB
列存储方式	Hbase Cassandra Hypertable
键-值存储方式	Redis Tokyo Cabinet/ Tokyo Tyrant Flae
对象存储方式	Db4o Versant
图形存储方式	Neo4J FlockDB
XML 存储方式	Berkeley DB XML BaseX

工欲善其事，必先利其器，现在已经出现了有很多成熟的 NoSQ 产品，图 2-1 所示仅为常用的 NoSQL 数据库系列，例如 Cassandra、HBase、MongoDB、CouchDB 等，图 2-1 中也描述了这些 NoSQL 数据库的系列。

NoSQL 数据库主要分为 BigTable(Google)和 Dynamo(Amazon)两种系列，下面以 NoSQL 中目前最受欢迎的 MongoDB 为例进行说明。

可扩展性是分布式系统的一个重要标志。分布式系统设计遵循 CAP 定理，从 EJB 到 MySQL5，都试图实现 CAP 三个核心需求的完美结合，关系数据库主要满足一致性和可用性，特别是要求极其严格的一致性，主要是通过数据库锁或 JTA/JDBC 事务实现，过于苛刻的一致性要求，很难实现分区错性。而 NoSQL 数据库，则分为满足一致性和分区错性(例如 MongoDB 等 NoSQL 数据库)和满足可用性和分区错性(例如 Dynamo Cassandra 等 NoSQL 数据库)两种。

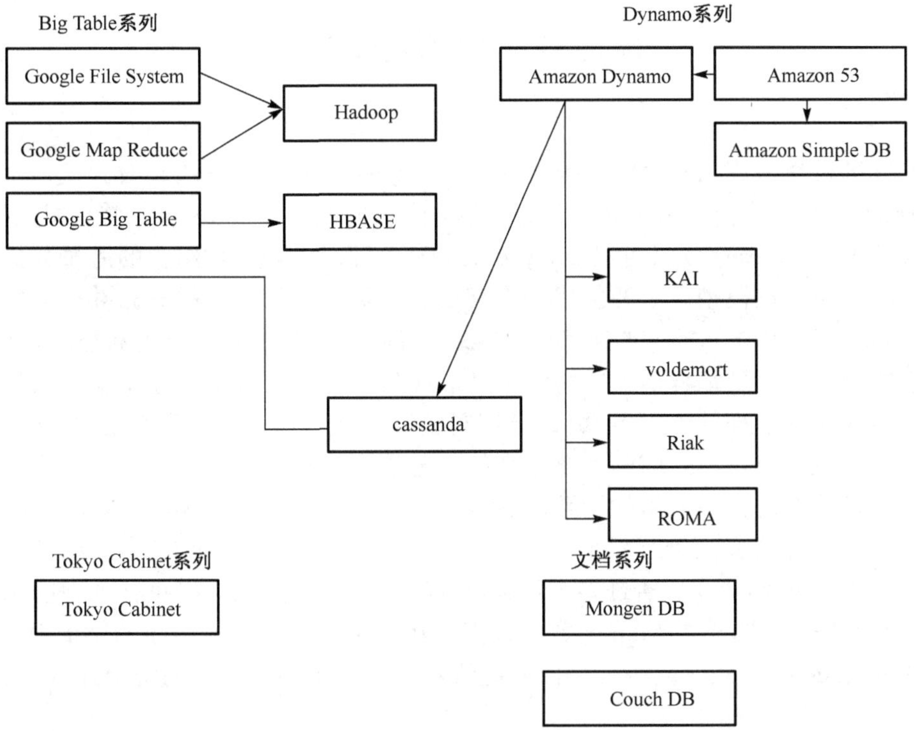

图 2-1 NoSQL 数据库系列

第 3 章　大数据处理

计算机科学是算法与算法变换的科学，算法是计算机科学的基石。任何一个计算问题的分析与建模，几乎都可以规约为算法问题。MapReduce 算法模型是由 Google 公司的 Jeffrey Dean 和 Sanjay Ghemawat 针对大规模群组中的海量数据处理而提出的分布编程模型。主要应用于大规模数据集(大于 1TB)的分布并行运算。在 MapReduce 模型中的 Map(映射)和 Reduce(化简)创意与灵感来自函数型编程语言，同时也继承了向量型编程语言的特性。MapReduce 模型极大地方便了编程人员在不了解分布式并行编程的情况下，将自己编写的程序运行在分布式系统上。MapReduce 模型主要实现了映射与化简两个核心功能。分别由 Map 和 Reduce 两个函数完成，它们也是函数型语言中常用的函数，而这两个函数由用户负责实现。Map 函数应用于集合中的所有成员，然后返回一个基于这个处理的结果集。而 Reduce 函数是从两个或更多个 Map 结果中，通过多个线程、进程或者独立系统并行执行处理的结果集进行分类和归纳。即一个 Map 函数用来把一组键值对映像成一组新的键值对，利用并发的 Reduce 函数来保证所有映像的键值对的每一个共享相同的键组。

3.1　函数式编程范式

函数式编程是一种编程范式，在这种编程范式中，更多使用了函数运算。函数运算的特点是没有状态和可变量，一个函数有输入值和输出值，运算一个函数不会产生任何副作用，副作用是指因修改软件而造成的错误或其他不希望发生的情况。与函数式编程相对应的就是通常说的命令式(强制式)编程。一般所使用的编程方式都是命令式的，每一段程序都是由指令组成，明确告诉计算机要做什么，运行指令的结果往往改变了程序的状态。

3.1.1　函数型语言

函数型语言是一种典型的程序设计语言。函数型语言的特点是把问题求解过程表示成块结构，对调用块的调用者来说，每个块都有输入数据和经过加工处理后的输出数据。每个块的功能就如同函数的功能，例如 LISP 语言、ML 等语言等都属于函数型语言。

3.1.2 函数式编程

函数式编程是一种编程模型，在这种编程模型中，将计算机运算看做是数学中函数的计算，并且避免了状态以及变量的概念。函数式编程使用一系列的函数解决问题。函数仅接受输入数据并产生输出函数值，函数的输出不包含任何能影响产生输出的内部状态。任何情况下，使用相同的参数调用函数始终能产生同样的结果。

在一个函数式的程序中，输入数据要通过一系列的函数，每一个函数根据它的输入产生输出。函数式风格能够避免编写有边界效应的函数，完全没有边界效应的函数又被称之为纯函数，是指修改内部状态等运算都无法引起输出的变化的函数。避免边界效应意味着不使用在程序运行时可变的数据结构，输出只依赖于输入之值。

函数式编程位于面向对象编程的对立面。对象通常包含内部状态(字段)和许多能修改这些状态的函数，程序则不断修改状态。函数式编程则极力避免状态改动，通过在函数之间传递数据流进行工作。对于复杂的系统，可以同时使用函数式编程和面向对象编程，在这种混合应用中，采用面向对象技术建模，还可以获得函数式风格的优点。

1. 函数式编程优点

函数式编程具有有如下优点。

1)逻辑可证

由于没有边界效应，所以更容易从逻辑上证明程序正确性，而不是仅通过测试完成。

2)模块化

函数式编程以简单为原则，一个函数只做一件事情，将大的功能模块拆分成尽可能小的功能模块。小的功能模块更易于阅读和检查错误。

3)组件化

更容易利用简单的小函数加以组合形成新的功能更强的函数，体现了组件化的特点。

4)易于调试

细化的、定义清晰的函数能够使得调试更加简单。当程序不正常运行时，每一个函数都是检查数据是否正确的连接口，能更快速地排除没有问题的代码，定位到出现问题的地方。

5)易于测试

函数不依赖于系统状态，无需在测试前构造测试桩，更加容易编写单元测试的代码。

6) 高生产率

函数式编程产生的代码比其他技术更简洁，往往是其他技术的一半左右，并且更容易阅读和维护。

2. 函数式编程的特征

函数式编程具有下述的特征。

1) 没有副作用

函数程序由一系列函数对数据的变换构成，因为函数式编程中的每一个符号都是最终的，所以从来没有在某个地方修改过值，也没有函数修改过在其作用域之外的量并被其他函数使用(如类成员或全局变量)。这表明函数求值的结果只是其返回值，而惟一影响其返回值的就是函数的参数，函数操作数据，所以函数没有产生副作用。

2) 无状态的编程

在现实情况中，状态不可能一直保持不变，而状态必然需要改变与传递，那么在函数式编程中的则是将其保存在函数的参数中，作为函数的附属品来传递。

3) 输入值和输出值

在函数式编程中，只有输入值和输出值。函数是基本单位，几乎被用作所有部分，包括最简单的计算，甚至连变量都被计算所取代。变量只是一个名称，而不是一个存储单元，这是函数式编程与传统的命令式编程最典型的不同之处。

在面向对象编程中，将对象传来传去，在函数式编程中，是将函数传来传去，又将这个函数称之为高阶函数。在数学和计算机科学中，高阶函数是至少满足下列一个条件的函数：①接受一个或多个函数作为输入；②输出一个函数值。

3.2 映射函数与化简函数

在程序语言中，映射函数与化简函数是常用的函数。映射函数与化简函数是 MapReduce 分布编程模型的两个主要函数。简单地说，一个映射函数就是对一些独立元素组成的概念上的列表(例如，一个测验成绩的列表)的每一个元素进行所指定的操作。事实上，每个元素都是独立操作，而原始列表没有被更改，因为这里创建了一个新的列表来保存新的答案。这就可以看出，Map 操作可以高度并行，非常适用分布并行计算领域。而化简操作指的是对一个列表的元素进行适当的合并，虽然不如映射函数那么高度并行，但是因为化简总是有一个简单的答案，大规模的运算相对独立，所以化简函数也很有适用于高度并行环境。

3.2.1 映射与映射函数

1. 映射

设 A、B 是两个非空集合，如果存在一个法则 f，使得对 A 中的每个元素 a，按法则 f，在 B 中有唯一确定的元素 b 与之对应，则称 f 为从 A 到 B 的映射，记作 f: $A \to B$。其中，b 称为元素 a 在映射 f 下的像，记作：$b = f(a)$；a 称为 b 关于映射 f 的原像。集合 A 中所有元素的像的集合成为映射 f 的值域，记作 $f(A)$。

映射还可以用于定义函数。函数是从非空数集到非空数集的映射，而且只能是一对一映射或多对一映射。例如，在拓扑学中的连续函数，线性代数中的线性变换函数等。

如果将函数定义中两个集合从非空集合扩展到任意元素的集合(不限于数)，可以得到映射的概念，映射是数学中描述了两个集合元素之间一种特殊的对应关系的一个术语。

2. 映射函数

映射函数的功能的形象描述如图 3-1 所示，左排表示原始输入列表，右排表示输出列表，中间箭头表示映射函数。一个映射函数可以对列表的每一个元素进行指定的操作，例如前面例子，如果发现所有学生的成绩都被高估了一分，可以定义一个“减一”的映射函数，用来修正这个错误。事实上，每个元素被独立操作，但原始列表没有被更改，而且创建了一个新的列表来保存新的答案。这表明映射操作可以高度并行，非常适用于高性能要求的应用以及分布/并行计算领域的问题需求。

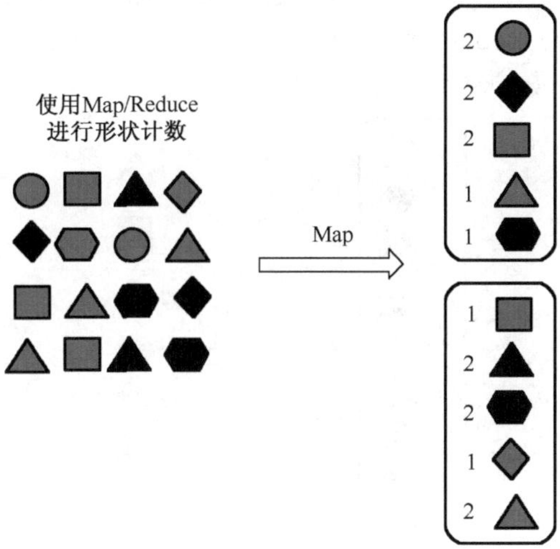

图 3-1 映射函数的功能

3.2.2 化简与化简函数

1. 化简

化简在数学上是一个非常重要的概念。化简一般指把复杂式子化为简单式子的过程，在数学运算中，必须通过化简才能简便地求出其值。总结历史上很多卓越数学家了一辈子的研究，归根到底也是为了化简。分式化简称为约分。整式化简包括移项、合并同类项、去括号等，化简后的式子一般为更简式，项数减少。

例如解方程也可以看作是一个化简的过程，看下例。

(1) $3a+a=4a$

(2) $2a+4=2(a+2)$

2. 化简函数

化简操作能够完成对一个列表的元素进行适当的合并。例如，如果计算班级的平均分，可以定义一个化简函数，通过让列表中的元素与自己的相邻的元素相加的方式把列表减半，如此递归运算直到列表只剩下一个元素，然后用这个元素除以人数，就得到了平均分。虽然化简函数不如映像函数那么并行，但是因为化简总是有一个简单的答案，由于化简操作是大规模的相对独立运算，所以化简函数也适于高度并行环境中使用。

3.3 MapReduce 计算

如图 3-2 所示的是以图 3-1 右排输出作经过为输入，左排为化简函数的输出。不难看出，经过 Map 与 Reduce 两步计算，可以完成形状计数。而基于 MapReduce 分布计算模型的形状计数全过程如图 3-3 所示。

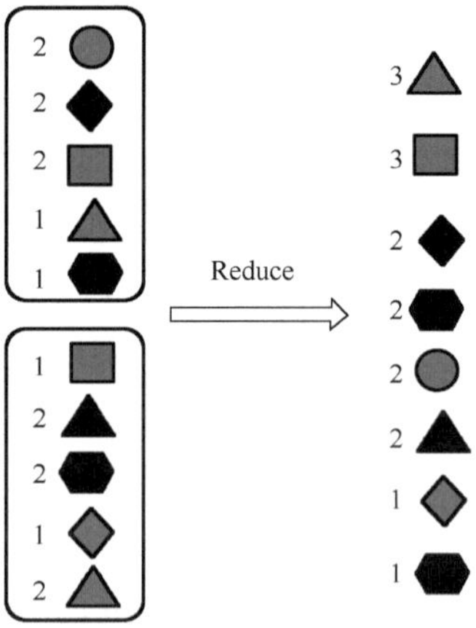

图 3-2 化简函数的功能

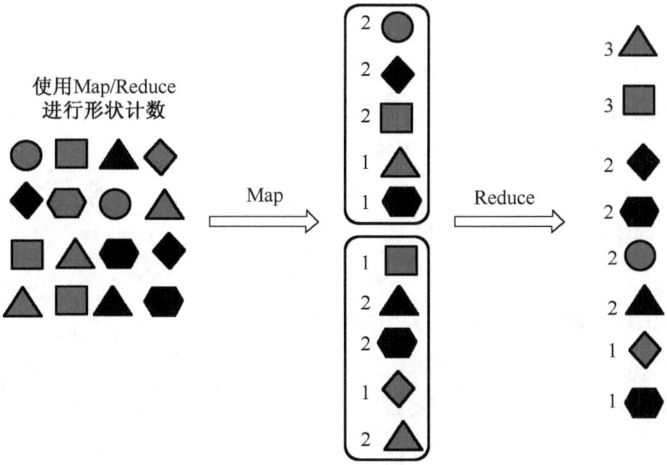

图 3-3　基于 MapReduce 的形状计数

映射和化简函数的功能是按一定的映像规则将输入的键值对转换成另一个或另一批键值对输出，如表 3-1 所示。

表 3-1　映射函数和化简函数功能说明

函数	输入	输出	说明
映射	<k1, v1>	List(<k2,v2>)	1．将小数据集解析成一批 <key,value> 对，输入 Map 函数中进行处理。 2．对于每一个输入的<k1,v1>，将输出一批<k2,v2>,<k2,v2> 是计算的中间结果。
化简	<k2,List(v2)>	<k3,v3>	输入的中间结果 <k2,List(v2)> 中的 List(v2) 表示属于同一个 k2 的 value

根据键划分 Reduce 空间：Reducing 函数的作用是把大的数值列表转变为几个输出数值。在 MapReduce 中，所有的输出数值一般不被 Reduce 集中在一起。有着相同键的所有数值将被一起送到一个 Reducer 中。作用在有着不同键关联的数值列表上的 Reduce 操作之间是独立执行的，如图 3-4 所示。

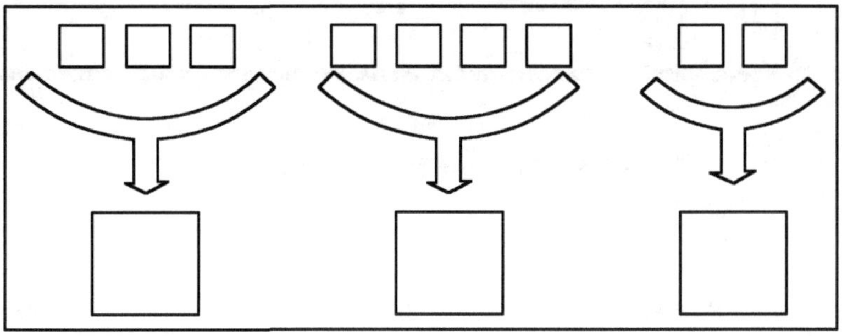

图 3-4　多个 reduce 任务

Reducing 一般用来生成总结数据，把大规模的数据转变成更小的数据信息。例如“+”可以用来作为一个 Reducing 函数，用于返回输入数据列表的值的总和。

基于 MapReduce 计算模型的分布式并行程序设计非常简单，程序员的主要工作就是编写 Map 函数和 Reduce 函数的代码，其他的并行编程中的种种复杂问题，如分布式存储，工作调度，负载平衡，容错处理，网络通信等，均由 Hadoop 平台负责处理，这些内容对程序员透明。

3.4 基于 Hadoop 平台的分布式计算

分布式式计算是一个广义的概念，在计算机科学中，有多种方式支持分布式计算。

3.4.1 Hadoop 概述

Hadoop 技术是推动大数据应用的引擎，使用 Hadoop 技术收集、共享和分析来自网络的大量结构化、半结构化和非结构化数据。应用 Hadoop 技术之前需要做一些技术准备。利用一定的时间确定需要处理的数据路线图，认真研究 Hadoop 技术如何与网络的其他部分相配合，开发一个明确的分类学模型。Hadoop 开源框架的出现历程的描述如图 3-5 所示。

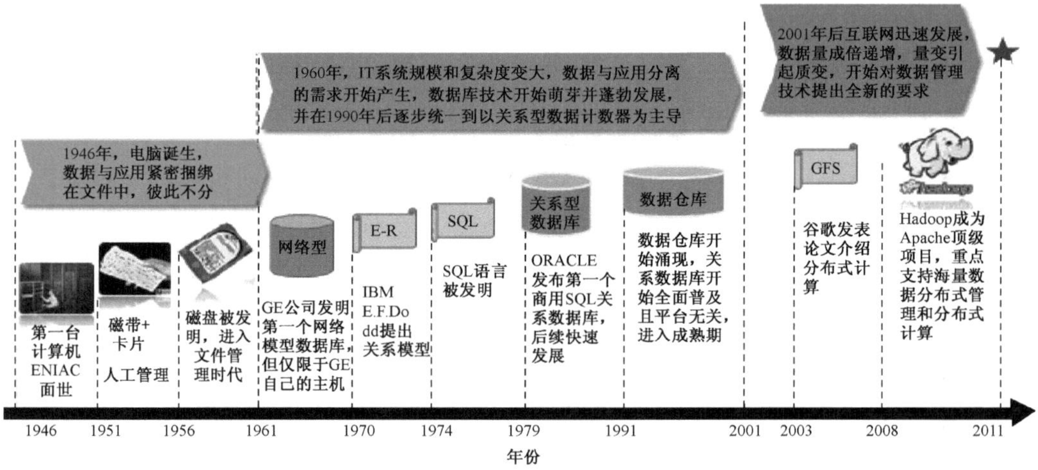

图 3-5　Hadoop 开源框架的出现历程

1. Hadoop 框架

Hadoop 是一个开源框架，它实现了 MapReduce 分布算法，用以查询在互联网上的分布数据。在 MapReduce 算法中，Map(映射)的功能是将查询操作和数据集分解成组件，Reduce 的功能是在查询中映射的组件可以被同时处理(即归约)，从而可以快速地返回结果。

2. Hadoop 的主要特点

1)方便

Hadoop 运行在由多机构成的大型集群上，或者云计算平台等云计算服务上。适于编写和运行大型分布式程序。

2)健壮

如果架构硬件频繁地出现故障，那么 Hadoop 可以从容地处理大多数此类故障，进而可以胜任更严苛的工作。

3)横向可扩展

Hadoop 通过增加集群节点，可以线形地横向扩展以处理更大的数据集。

4)简单

Hadoop 允许用户快速编写出高效的并行代码。进而可以廉价地建立 Hadoop 集群。图 3-6 所示的是如何与 Hadoop 集群的交互解释说明。一个 Hadoop 集群拥有许多并行的计算机，用以存储与处理大数据。客户端计算机发送作业到计算云并获得结果，实现了以计算为中心到以数据为中心的转变。

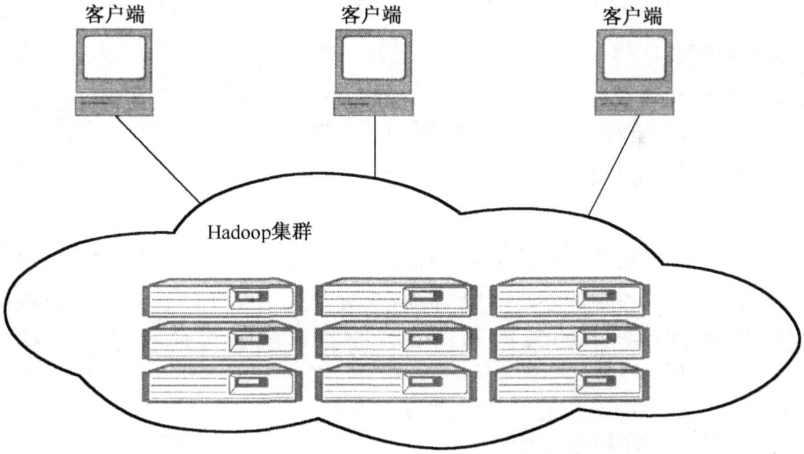

图 3-6　用户与 Hadoop 集群的交互解释说明

Hadoop 集群是指在同一地点用网络互连的一组通用机器。数据存储与处理都发生在这些机器云中，不同的用户可以从独立的客户端提交计算作业到 Hadoop 集群，这些客户端可以是远离 Hadoop 集群的个人计算机。但是分布式系统的构建存在多种形式，并不仅如图 3-6 所示，下面简单介绍几种典型的分布系统，以便更好展现 Hadoop 的设计理念。

3.4.2 分布式系统与 Hadoop

在解决大规模计算问题时，不能单纯依赖于制造越来越大型的服务器(纵向扩展)。横向扩展的替代方案显示出了强大的灵活性，并已经获得广泛应用，即把许多低端的机器组织在一起，形成一个功能专一的分布式系统。

横向扩展的分布式系统与纵向扩展大型单机服务器之间的比较，需要考虑现有 I/O 技术的性价比。例如一个有 4 个 I/O 通道的高端机，即使每个通道的吞吐量各为 100MB/s，读取 4TB 的数据集也需要 3 个小时。而利用 Hadoop，同样的数据集会被划分为较小的块(64MB)，通过 Hadoop 分布式文件系统分布在集群内多台机器上。使用适度的复制，集群可以并行读取数据，进而提供较高的吞吐量。而这样一组通用机器比一台高端服务器更加便宜。

前面的解释充分展示了 Hadoop 相对于单机系统的高效率。现在将 Hadoop 与其他分布式系统架构进行比较。一个众所周知的例子是利用普适计算来协助寻找外星生命。利用一台中央服务器存储来自太空的无线电信号，并在网上发布给世界各地的客户端台式机去寻找异常的迹象。这种方法是以计算为中心的方法，将数据移动到计算即将发生的地方，经过计算后，再将返回的数据结果存储起来。

Hadoop 与普适计算不同。普适计算需要客户端和服务器之间重复地传输数据。这虽然能够很好地适应数据密集型的计算工作，但由于数据规模太大，数据移动变得十分困难。Hadoop 强调将代码向数据迁移，即以数据为中心。从图 3-6 中可以看出， Hadoop 的集群内部既包含数据又包含计算环境。客户端仅需发送待执行的 MapReduce 程序，而这些程序代码一般都很小(通常为几千字节)。数据被拆分后分布于集群中，并且尽可能使对一段数据的计算发生在同一台机器上，即这段数据驻留的地方。

以数据为中心的理念符合 Hadoop 面向数据密集型处理的设计目标。要运行的程序规模比数据小几个数量级，更容易移动。此外，在网络上移动数据要比在其上加载代码更花时间。不如数据不移动，而将可执行代码移动到数据所在的机器上去。

3.4.3 SQL 数据库和 Hadoop

Hadoop 是一个数据处理框架。在当前，数据存储与处理的主要工具是标准的关系数据库。Hadoop 的优势是：SQL(结构化查询语言)是针对结构化数据而设计，而 Hadoop 是针对非结构化数据，显然，Hadoop 比 SQL 的应用更为广泛。

如果只对结构化数据处理，则 Hadoop 和 SQL 可以互补，因为 SQL 是一种查询语言，可将 Hadoop 作为其执行引擎。但实际上，SQL 数据库往往指一整套传统技术，许多关系数据库无法满足 Hadoop 设计所面向的需求。

考虑到这一点，Hadoop 与 SQL 数据库的比较如下。

1. 横向扩展代替纵向扩展

商用关系型数据库更容易纵向扩展。要运行一个更大的数据库，就需要买一个更大的机器。事实上，有时可能需要处理更大的数据集，却找不到一个足够大的机器。更重要的是，高端的机器对于许多应用并不经济。例如，性能 4 倍于标准 PC 的机器，其成本将大大超过在一个集群中的标准 4 台 PC。Hadoop 的设计就是为了能够在商用 PC 集群上实现横向扩展的架构。添加更多的机器。一个 Hadoop 集群可由十至数百台计算机组成。

2. 键值对代替关系表

关系数据库的一个基本原则是让数据按某种模式存放在具有关系的表中。许多当前的应用所处理的数据类型并不能很好地适合这个模型。此外，大型数据集往往是非结构化或半结构化的。Hadoop 使用键值对作为基本数据单元，数据的来源可以为任何形式，但最终会转化为键值对以供处理。

3. 函数式编程替代声明式查询

SQL 语言是一种高级声明式语言，查询数据的手段是声明需要的查询结果并由数据库引擎判定如何获取数据。在 MapReduce 编程模型中，数据处理步骤由用户指定，SQL 使用查询语句，而 MapReduce 则使用脚本和代码。可以使用比 SQL 查询更为一般化的数据处理方式。例如，可以建立复杂的数据统计模型或改变图像数据的格式，而 SQL 就不能很好地适应这些任务。

另一方面，当数据处理非常适合于关系型数据结构时，可以发现使用 MapReduce 并不自然。习惯于 SQL 范式的人使用 MapReduce 来思考是一个新的挑战。虽然更轻松地掌握 MapReduce 编程并不是难事，但人们采用更熟悉的范式来编程，同时拥有 Hadoop 的可扩展性优势。事实上，使用某些扩展可采用一种类似 SQL 的查询语言，并自动将查询编译为可执行的 MapReduce 代码。

4. 在线与离线处理方式

大数据的处理模式主要可以分为流式处理模式和批处理模式及交互式处理模式。批处理是先存储后处理，而流式处理则是直接处理。流式处理的基本理念是数据的价值随着时间的流逝而不断减少。因此尽可能快地对最新数据做出分析并给出结果，是所有流式数据处理模式的基本目标。需要采用流式数据处理的大数据应用场景主要有网页点击数的实时统计、传感器网络、金融中的高频交易等。流式处理的处理模式将数据视为流，源源不断的数据组成了数据流。当新的数据到来时就立刻处理并返回所需的结果。

在大数据处理中，并不是简单的只使用流式处理还是批处理，而是将二者结合起来。互联网是大数据最重要的来源之一，可以根据处理时间的要求将业务划分为在线、近线和离线方式。其中在线的处理时间一般在秒级至毫秒级，因此通常采用流式处理。离线的处理时间可以以天为基本单位，基本采用批处理方式，这种方式可以最大限度地利用系统 I/O。近线的处理时间一般在分钟级至小时级，对其处理模型并没有特别的要求，可以根据需求灵活选择，在实际应用中多数采用批处理模式。

Hadoop 是专为离线处理大规模数据分析而设计，它并不适合对几个记录随机读写的在线事务处理模式。事实上，Hadoop 最适合一次写入、多次读出的数据存储需求。

Hadoop 是分布计算通用的工具，通过采用分布式存储、迁移代码而非迁移数据，使 Hadoop 在处理大数据集时避免了耗时的数据传输问题。此外，数据冗余机制允许 Hadoop 从单点失效中恢复。在 MapReduce 框架中编写程序非常方便，由 Hadoop 分配任务到执行节点、管理节点间的通信、分割数据等对用户透明。

3.4.4 基于 Hadoop 的分布计算

基于 MapReduce 框架所设计的计算是分布式计算。MapReduce 框架接受各种格式的键值对文件作为输入，读取并计算后，最终生成自定义格式的输出文件。分布式计算的输入文件往往规模巨大，并且分布在多个机器上，单机计算完全不支撑并且效率低下，因此 MapReduce 框架需要提供一套机制，将计算扩展到无限规模的机器集群上。

在 MapReduce 框架中，将每一次计算请求称之为作业。每一个作业可分为两步骤完成。在第一步，首先是将其拆分成若干个 Map 任务，分配到不同的机器上去执行，每一个 Map 任务将输入文件的一部分作为自己的输入，经过计算，生成中间文件，中间文件的格式与最终所需的文件格式完全一致，但是仅仅包含一部分数据。因此，等到所有 Map 任务完成后，进入第 2 步骤，完成合并这些中间文件获得最后的输出文件。此时，系统将生成若干个 Reduce 任务，同样也是分配到不同的机器去执行，其目的就是将若干个 Map 任务生成的中间文件为汇总到最后的输出文件中去，这就是 Reduce 任务的作用。经过如上两步骤后，作业完成，所需要的目标文件生成。算法的关键就在于增加了一个中间文件生成的流程，提高了灵活性，使其分布式扩展性得到了保证。

Hadoop 术语的解释如表 3-2 所示。

表 3-2　术语解释

Hadoop 中文术语	Hadoop 英文术语	相关解释
作业	Job	用户的每一个计算请求，就称为一个作业。
作业服务器	Master	用户提交作业的服务器，同时，它还负责各个作业任务的分配，管理所有的任务服务器。
任务服务器	Worker	负责执行具体的任务。
任务	Task	每一个作业，都需要拆分开了，交由多个服务器来完成，拆分出来的执行单位，就称为任务。
备份任务	Buckup Task	每一个任务，都有可能执行失败或者缓慢，为了降低为此付出的代价，系统会在另外的任务服务器上执行同样一个任务，这就是备份任务。

1. 基本架构

在 Hadoop 架构中，将作业服务器称之为 Master。Master 负责管理运行在此框架下的所有作业，是分配任务的核心。与 HDFS 的主控服务器类似，简化了负责的同步流程。执行用户定义操作的是任务服务器，每一个作业被拆分成多个任务，包括 Map 任务和 Reduce 任务等。任务是执行的基本单元，它们都需要分配到合适任务服务器上去执行，任务服务器一边执行一边向作业服务器汇报各个任务的状态，以此来帮助作业服务器了解作业执行的整体情况，以及分配新的任务等。

除了作业的管理者与执行者之外，还有一个任务的提交者，即客户端。与分布式文件系统一样，用户需要自定义好所需要的内容，经由客户端将作业及其相关内容和配置提交到作业服务器，并随时监控执行的状况。

MapReduce 框架的还有一个特点就是可定制性强。通用的计算框架需要面对的问题复杂。在不同的问题、不同的输入、不同的需求之间，很难存在一种通用的机制。作为 MapReduce 框架而言，一方面要尽可能的抽取出公共的需求，并以实现。更重要的是能够需要提供良好的可扩展机制，满足用户自定义算法的需求。

2. 计算流程

一个作业的计算流程如图 3-7 所示。

在每个任务的执行中，又包含输入的准备 、算法的执行、输出的生成三个子步骤。

1) 提交作业

一个作业在提交之前需要完成所有配置，因为一旦提交到了作业服务器上，就进入了完全自动化的流程。用户起一个监督作用。用户在提交代码阶段，需要做的主要工作是书写好所有自定的代码，即是 Map 和 Reduce 的执行代码。

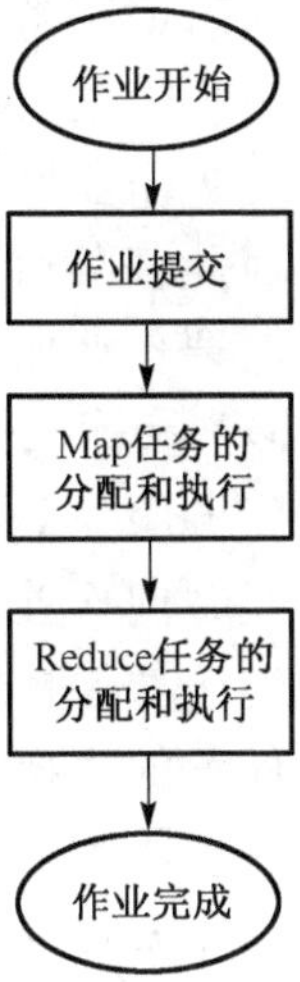

图 3-7　作业执行过程

2）Map 任务的分配

当一个作业提交到了作业服务器之后，将生成若干个 Map 任务，每一个 Map 任务负责将一部分的输入转换成与最终格式相同的中间文件。通常一个作业的输入都是基于分布式文件系统的文件，而对于一个 Map 任务而言，它的输入往往是输入文件的一个数据块，或者是数据块的一部分。

当一个作业从客户端提交到了作业服务器上，作业服务器将作业拆分成若干个 Map 任务后，并依照分布式文件数据块的位置来划分预先挂在作业服务器上的任务服务器拓扑树上。比如一个 Map 任务需要用某个数据块，这个数据块有三份备份，那么在这三台服务器上都会挂上此任务，这是一个预分配。

任务分配就是将作业的任务分配到服务器上。主要分为两个步骤：

（1）选择作业，然后是在此作业中选择任务。与所有分配工作一样，任务分配也是一个复杂的工作。不良好的任务分配可能导致网络流量增加、任务服务器负载过重效率下降等。另外，任务分配无一致模式，不同的业务背景需要不同的分配算法才能满足需求。当一个任务服务器期待获得新任务时，将按照各个作业的优先级，从最高优先级的作业开始分配。每分配一个，还会为其留出余量备用。例如：系统目前有优先级 3、2、1 的三个作业，每个作业都有一个可分配的 Map 任务，一个任务服务器来申请新的任务，它还有能力承载 3 个任务的执行，将先从优先级 3 的作业上取一个任务分配给它，然后再留出一个 1 任务的余量。此时，系统只能在将优先级 2 作业的任务分配给此服务器，而不能分配优先级 1 的任务。

（2）确定了从哪个作业提取任务后，分配算法就是为此服务器分配任务，也就是说，只要还有可分配的任务，就一定会分给它，而不考虑后来者。作业服务器会从离它最近的服务器开始，看上面是否还挂着未分配的任务（预分配上的），从近到远，如果所有的任务都分配了，那么看有没有开启多次执行，如果开启，考虑把未完成的任务再分配一次。

对于作业服务器来说，把一个任务分配出去了，并不表明作业服务器工作完成，可以对此任务可以不管了。因为任务可以在任务服务器上执行失败，可能执行缓慢，这都需要作业服务器帮助它们再来一次执行。

3）Map 任务的执行

任务服务器是通过心跳消息，向作业服务器汇报此时此刻其上各个任务执行的状况，并向作业服务器申请新的任务的。在实现中，使用池化的方式。有若干个固定的槽，如果槽没有满，那么就启动新的子进程，否则，就寻找空闲的进程，如果是同任务的直接放进去，否则杀死这个进程，用一个新的进程代替。每一个进程都位于单独线程中。但是从实现上看，这个机制好像没有部署，子进程是死循环等待，而不会阻塞在父进程的相关线程上，父线程的变量一直都没有个调整，一旦分配，始终都处在繁忙的状况了。

4) Reduce 任务的分配与执行

与 Map 任务相比，Reduce 的分配及其简单，基本上是所有 Map 任务完成了，如果有空闲的任务服务器，就给分配一个任务。因为 Map 任务的结果分布且变化多端，构造一个全局优化的算法得不偿失。而 Reduce 任务的执行进程的构造和分配流程，与 Map 基本完全的一致。但其实，Reduce 任务与 Map 任务的最大不同是 Map 任务的文件都存于本地，而 Reduce 任务需要分布式采集。这个流程是作业服务器经由此 Reduce 任务所处的任务服务器，告诉 Reduce 任务正在执行的进程，它需要的 Map 任务执行过的服务器地址，此 Reduce 任务服务器会与原 Map 任务服务器联系，通过 FTP 服务下载。这个隐含的直接数据联系，就是执行 Reduce 任务与执行 Map 任务最大的不同点。

5) 作业的完成

当所有 Reduce 任务都完成之后，所需数据都写到了分布式文件系统上，整个作业才正式完成了。

3. MapReduce 程序的执行过程

基于 MapReduce 算法编写的 MapReduce 程序的分布式执行过程如图 3-8 所示。

(1) 用户程序中的 MapReduce 类库首先将输入文档分割成大小为 16～64MB 的文件片段，用户也可以通过设置参数对大小进行控制。随后，集群中的多个服务器开始执行多个用户程序的副本。

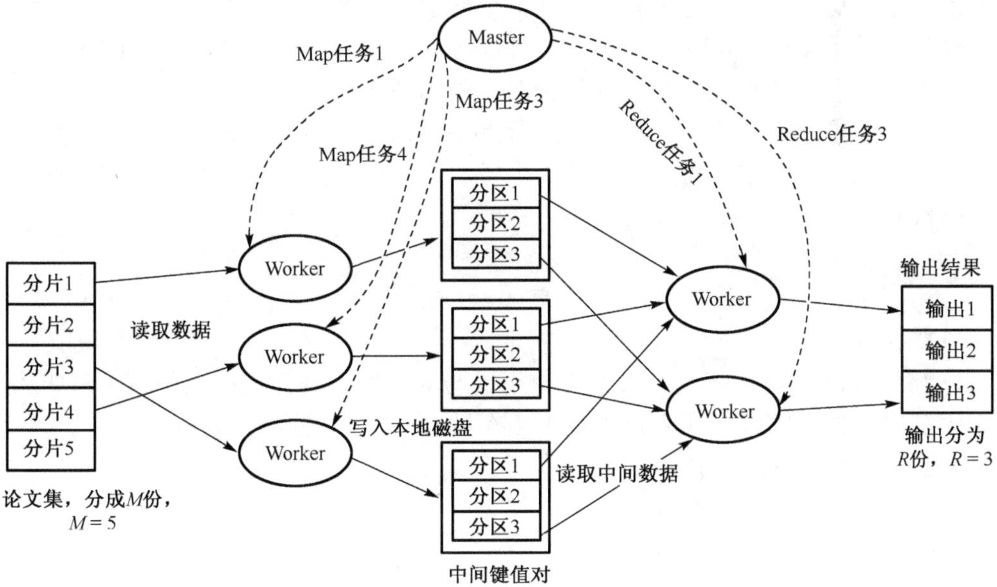

图 3-8　MapReduce 程序的执行过程

(2)由 Master 负责分配任务,如果总计分配 M 个 Map 任务和 R 个 Reduce 任务。分配的原则是 Master 选择空闲的 Worker，并为其分配一个 Map 任务或一个 Reduce 任务。

(3)分配到 Map 任务的 Worker 读取对应文件片段,从输入数据中解析出键值对，并将其传递给用户定义的 Map 函数。由 Map 函数产生的键值对被存储在内存中。

(4)将缓存的键值对周期性写入本地磁盘，并被分成R个区域。这些缓存数据在本地磁盘上的地址被传递回 Master，由 Master 再将这些地址送到负责 Reduce 任务的 Master。

(5)当负责 Reduce 任务的 Master 得到 Master 关于上述地址的通知时，它使用远程过程调用从本地磁盘读取缓冲数据。随后 Worker 将所有读取的数据按键排序，使得具有相同键的对排在一起。

(6)对于每一个唯一的键,负责 Reduce 任务的 Worker 将对应的数据集传递给用户定义的 Reduce 函数。这个 Reduce 函数的输出被作为 Reduce 分区的结果添加到最终的输出档中。

(7)当所有的 Map 任务和 Reduce 任务都完成之后,Master 唤醒用户程序。此时,用户程序的 MapReduce 调用向用户的代码返回结果。

MapReduce 模型通过将数据集分发给网络上的各节点实现可靠性，每个节点将完成的工作和状态更新周期性地报告。如果一个节点保持沉默超过一个预设的时限,主节点记录下这个节点状态为死亡，并把分配给这个节点的数据发到别的节点。每个操作使用原子操作以确保不会发生并行线程间的冲突，当文件被改名的时候，为了避免副作用，系统将他们复制到任务名以外的另一个名字上去。

由于化简操作在并行能力较差，主节点将尽量把化简操作调度在一个节点上，或者离需要操作的数据尽可能近的节点上了。这种做法适用于具有足够的带宽、内部网络没有那么多机器的情况。

4. 举例

1)键和值

在 MapReduce 中，每一个值都有一个键与其关联，键标识相关的值。例如从多辆车中读取到的时间、车速表日志可以由车牌号码标识的内容如下：

AAA-123 65mph, 12:00pm

ZZZ-789 50mph, 12:02pm

AAA-123 40mph, 12:05pm

CCC-456 25mph, 12:15pm

…

在上例中，AAA-123 为车牌号码，作为键，65mph 表示车速，12:00pm 表示时间，两者均为值。

mapping 和 reducing 函数接收键值对。这些函数的每一个输出都是一样的，都是一个键和一个值，并将被送到数据流程的下一个列表。mapper 针对每一个输入元素都要生成一个输出元素，reducer 针对每一个输入列表都要生成一个输出元素。但在 MapReduce 中，每一个阶段都可以生成任意的数值；mapper 可能把一个输入 map 为 0 个，1 个或 100 个输出。reducer 可能计算超过一个的输入列表并生成一个或多个不同的输出。

2) 词频统计

统计一组文档中的每个单词出现的次数。在这个例子中的文档有一个文件，每个文件中只有一句话。

Do as I say ,not as I do.

将得到如表 3-3 所示的单词统计值。

表 3-3　单词统计值

单词	计数
as	2
do	2
i	2
not	1
say	1

将这个特定的练习称为单词统计。如果文档集合很小，一个简单的程序即可完成这项工作。可写为如下一段伪代码：

```
define worlaCount as Multiset:
for each document in documentSet {
    T=tokenize(document);
    for each token in T {
        wordCount[token]++;
    }
}
display(wordCount)j
```

该程序循环遍历所有的文档。对于每个文档，使用分词过程逐个地提取单词。对于每个单词，在多重集合 wordcount 中的相应项上加 1。最后，display()函数打印出 wordcount 中的所有条目。

这个程序只适合处理少量文档，一旦文档数量激增，它就不能胜任了。例如，需要编写一个垃圾邮件过滤器，来获取接收到的几百万封垃圾邮件中经常使用的单词。使用单台计算机反复遍历所有文档将非常费时。重写程序，让工作可以分布在多台机器上。每台机器处理这些文档的不同部分。当所有的机器都完成时，第二个处理阶段将合并这些结果。第一阶段要分布到多台机器上去的伪代码为：

```
define wordCount as Multiset;
for each document in documentSubset(
    T=tokenize(document)j
    for each token in T(
```

```
        wordCount[token]++;
      }
   }
   sendTOSecondphase(wordCount);
```

第二阶段的伪代码为：

```
   Define totalWordCount as Multiset
   for each wordCount received from firstPhase{
        multisetAdd (totalWordCont,  wordCount);
      }
```

首先，忽略了文档读取的性能需求。如果文件都存在一个中央存储服务器上，那么瓶颈就是该服务器的带宽。让更多的机器参与处理的办法将不会一直有效，因为有时存储服务器的性能跟不上。因此，需要将文档分开存放，使每台机器可以仅处理自己所存储的文档，从而消除单个中央存储服务器的瓶颈。这就是说，即在数据密集型分布式应用中存储和处理必须紧密地绑定在一起。

该程序的另一个缺陷是 wordCount(和 totalwordcount)被存储在内存中。当处理大型文档集时，一个特定单词的数量就会超过一台机器的内存容量。英语有大约一百万个词，这个大小可以很轻松地放进一个 iPod，但单词统计程序将处理许多不在标准英语单词词典中的特殊单词。例如，必须处理如 Hadoop 这样的特定名称。错字即使并不是真正的单词(例如，exampel)，我们还需分别统计一个字的所有不同形式(例如，eat，ate，eaten 和 eating)。即使在文档中特定单词的数量可以被管理在内存中，在问题的定义上略有变化就可能会引起空间复杂度的爆炸。例如，不统计文档中的单词，而是去统计日志文件中的 IP 地址，那么处理的多重集合条目将达到数十亿，这超过了大多数计算机的内存容量。

此外，第二阶段只有一台计算机，它将处理来自所有计算机在第一阶段计算 WordCount 的结果。wordcount 的处理任务原本就相当繁重。当为 Map 的处理提供充足的计算机时，Reduce 阶段的单台计算机将成为瓶颈。最明显的问题是，能否按分布模式重写 Reduce 阶段，以便它可以通过增加更多的计算机来实现扩展。

为了使 Reduce 阶段以分布的方式运行，必须以某种方式将其分割到在多台计算机上执行，使之能够独立运行。需要在第一阶段之后将 wordount 分区，使得 Reduce 阶段的每台计算机仅需处理一个分区。例如，假设在 Reduce 阶段有 26 台计算机。每台计算机上的 wordcout 只处理以特定字母开头的单词。计算机 A 在 Reduce 阶段仅统计以字母 a 开头的单词，以此类推。

第 4 章　大数据分析

随着大数据时代的来临，大数据分析也应运而生。大数据技术是数据分析的前沿技术。简言之，应用大数据技术可以从各种类型的数据中，快速获得有价值信息，并日益显示出其强大的应用潜力。大数据分析的核心目的就是预测，在大数据的基础上，通过与机器学习相关的各种技术和数学建模方法来预测事情发生的可能性并采取相应措施。

4.1　数据分析概述

计算机分析效率高，远远超过人脑的处理速度，针对大数据，计算机能处理，而人类处理不了，因为人的思维能力有限。可视化可以将数据转换成动态图像，因为人类视觉处理能力远远超过信息阅读和逻辑思维能力，因此能够处理更大规模的数据。但是更大的数据，仅依靠人类视觉还是处理不过来，这就需要计算机处理，甚至要运用超级计算机处理。基于不同的粒度，采用不同的时间尺度，看到的信息不同，因此需要进行全维度分析，这就要靠计算机辅助的人机综合系统，或者完全采用计算机建模分析。这是科技发展带来的趋势。当产生了抽象模型之后，就可以针对每一个人积累的数据进行模式匹配和模式识别，从而进行针对某种特定需求的操作判断。

4.1.1　数据分析的概念

数据分析是指收集数据、处理数据，进而获取信息的过程。更具体地说，对于审计分析工作，数据分析是建立审计分析模型、对数据进行核对、检查、复算与判断等操作、并将被审计数据的现实状态与理想状态进行比较、从而发现审计线索、搜集审计证据的过程。

数据分析是通过应用技术与工具来分析与理解数据，并应用软件工具、系统和业务战略组成的完整解决方案，把自拥有的数据与用户产生的非结构化数据结合起来，统揽全局。也就是说，可以追溯每个业务流程中产生的庞大数据，并进行共享整合分析，从而帮助决策者全面监控业务流程，预测和构造所预期的结果。

4.1.2 数据分析的目的与意义

1. 数据分析的目的

数据分析的目的是对杂乱无章的数据进行清洗、集成、整合、萃取和提炼，进而找出所研究对象的内在规律。

2. 数据分析的意义

真正有价值的信息就隐藏在繁乱的数据中，但是要获得有用的信息，首先要进行数据分析，获得对数据的认知。就像人类认识世界的方式一样，从实践获得的数据中学习，逐渐就形成各种认识模型，各种逻辑关系。比如，如何判断一个用户的喜好、经济状况、婚姻状况等，在认知的基础上就可以定向营销，从而达到营销效率的提高。

在产品的整个生命周期期间，数据分析的过程是质量管理体系的支持过程，包括从市场调研到售后服务和最终处置的全过程都需要运用数据分析过程，进而提高有效性。例如，CEO 要通过市场调查，分析所得数据以判定市场动向，据此制订合适的生产及销售计划。因此数据分析有极广泛的应用范围。

4.1.3 数据分析的基本方法

数据分析主要的基本方法如下所述。

1. 数学运算

在这里，是指较简单数学运算。

2. 统计

在自然科学中，统计学方法论很重要的一个基础。将统计学和大数据融合，可以产生新的思维。

统计学指对某一现象的数据的搜集、整理、计算、分析、解释和表述等活动。统计学的目标是从各种类型的数据中提取有价值的信息，与大数据的研究范围一致。

1) 统计工作

统计工作指利用科学的方法搜集、整理和分析和提供关于社会经济现象数量资料的工作的总称，统计工作是统计的基础，又称统计实践或统计活动，是在一定统计理论指导下，采用科学的方法，搜集、整理、分析统计资料的一系列活动过程。它是随着人类社会的发展和管理的需要而产生和发展起来的。现实生活中，统计工作作为一种认识社会经济现象总体和自然现象总体的实践过程，一般包括统计设计、统计调查、统计整理和统计分析四个环节。

2）统计资料

统计资料指通过统计工作取得的、用来反映现象的数据资料。统计工作所取得的各项数字资料及有关文字资料，它们存于统计表、统计图、统计手册、统计年鉴、统计资料汇编和统计分析报告中。统计资料也称统计信息，是反映一定的特征或规律的数字资料、文字资料、图表资料及其他相关资料的总称。包括刚刚调查取得的原始资料和经过一定程度整理、加工的次级资料，其形式有：统计表、统计图、统计年鉴、统计公报、统计报告和其他有关统计信息的载体。

3）统计科学

统计科学也称统计学，是统计工作经验的总结和理论概括，是系统化的知识体系，是搜集、整理和分析统计资料的理论与方法。统计学是应用数学的一个分支，主要通过利用概率论建立数学模型，收集所观察系统的数据，进行量化的分析、总结，并进行推断和预测，为相关决策提供依据和参考。现已被广泛地应用在各门学科之中。

统计学又分为描述统计学和推断统计学。描述统计学是指给定一组数据，可以摘要并且描述这份数据的统计学。推断统计学是指观察者以数据的形态建立出一个用以解释其随机性和不确定性的数学模型，以之来推论研究中的步骤及母体。这两种用法都被称作为应用统计学。

统计三方面内容联系紧密，统计资料是统计工作的成果，统计工作与统计科学之间是实践与理论的关系。

在上述中的计算是指：均值、中位数、众数、正态分布、抽样、标准差、概率论、检验、方差分析等。

主要的统计方法归纳如下。

（1）指标对比分析法。指标对比分析法又称比较分析法，是统计分析中最常用的方法，是通过有关的指标对比来反映事物数量上差异和变化的方法。有比较才能鉴别，单独看一些指标，只能说明总体的某些数量特征，得不出什么结论性的认识。经过比较，就可以对规模大小、水平高低、速度快慢作出判断和评价。

指标对比分析分为静态比较和动态比较分析。静态比较是同一时间条件下不同总体指标比较，如不同部门、不同地区、不同国家的比较，也叫横向比较；动态比较是同一总体条件不同时期指标数值的比较，也叫纵向比较。这两种方法既可单独使用，也可混合使用。进行对比分析时，可以单独使用总量指标或相对指标或平均指标，也可将它们结合起来进行对比。比较的结果可用相对数，如百分数、倍数、系数等，也可用相差的绝对数和相关的百分点（每1%为一个百分点）来表示。

（2）分组分析法。指标对比分析法是总体上的对比，但统计分析不仅要对总体数量特征和数量关系进行分析，还要深入总体的内部进行分组分析。分组分析法就是根据统计分析的目的要求，把所研究的问题的总体按照一个或者几个标志划分为多个部分，加以整理，观察、分析，进而揭示其内在的联系和规律性。统计分组法的关键问题在于正确选择分组标值和划分各组界限。

(3) 时间数列及动态分析法。将某一指标在时间上变化的一系列数值，按时间先后顺序排列，就形成时间数列，又称动态数列。通过时间数列的编制和分析，可以找出动态变化规律，为预测未来的发展趋势提供依据。时间数列可分为绝对数时间数列、相对数时间数列、平均数时间数列。

在统计分析中，如果只有孤立的一个时期指标值，难以作出判断。如果编制了时间数列，就可以进行动态分析，反映其发展水平和速度的变化规律。动态分析注意数列中各个指标具有的可比性。总体范围、指标计算方法、计算价格和计量单位应该前后一致。时间间隔一般也要一致，但也可以根据研究目的，采取不同的间隔期。如按历史时期分，为了消除时间间隔期不同而产生的指标数值不可比，可采用年平均数和年平均发展速度来安排动态数列。

(4) 指数分析法。指数是指反映社会经济现象变动的相对数。根据指数所研究的范围不同可以有个体指数、类指数与总指数之分。指数可以综合反映复杂的社会经济现象的总体数量变动的方向和程度，可以分析某种社会经济现象的总变动受各因素变动影响的程度，操作方法是通过指数体系中的数量关系，假定其他因素不变，来观察某一因素的变动对总变动的影响。

(5) 平衡分析法。平衡分析是研究社会经济现象数量变化对等关系的一种方法。它把对立统一的双方按其构成要素排列起来，形成整体的概念，便于全局来观察它们之间的平衡关系。平衡关系广泛存在于经济生活中，大至全国宏观经济运行，小至个人经济收支。平衡种类繁多，如财政平衡表、劳动力平衡表、能源平衡表、国际收支平衡表、投入产出平衡表等。平衡分析的作用：一是从数量对等关系上反映社会经济现象的平衡状况，分析各种比例关系相适应状况；二是揭示不平衡的因素和发展潜力；三是利用平衡关系可以从各项已知指标中推算未知的个别指标。

(6) 综合评价分析。社会经济分析现象往往错综复杂，社会经济运行状况是多种因素综合作用的结果，而且各个因素的变动方向和变动程度是不同的。如对宏观经济运行的评价，涉及生活、分配、流通、消费各个方面；对企业经济效益的评价，涉及人、财、物合理利用和市场销售状况。如果只用单一指标就难以作出恰当的评价，进行综合评价包括四个步骤：

• 确定评价指标体系，这是综合评价的基础和依据。要注意指标体系的全面性和系统性。

• 搜集数据，并对不同计量单位的指标数值进行同度量处理。可采用相对化处理、函数化处理、标准化处理等方法。

·确定各指标的权数，以保证评价的科学性。根据各个指标所处的地位和对总体影响程度不同，需要对不同指标赋予不同的权数。

·对指标进行汇总，计算综合分值，并据此作出综合评价。

(7)景气分析。经济波动客观存在，是任何国家都难以完全避免。如何避免大的经济波动，保持经济的稳定发展，一直是在宏观调控和决策中面临的重要课题，景气分析正是适应这一要求而产生和发展的。景气分析是一种综合评价分析，可分为宏观经济景气分析和企业景气调查分析。

景气调查分析采取抽样调查的方法，通过问卷的形式，让负责人回答有关情况判断和预期。

(8)预测分析。根据已知的过去和现在推测未来，就是预测分析。统计预测属于定量预测，是以数据分析为主，在预测中结合定性分析。统计预测的方法大致可分为两类：一类是主要根据指标时间数列自身变化与时间的依存关系进行预测，属于时间数列分析；另一类是根据指标之间相互影响的因果关系进行预测，属于回归分析。

预测分析的方法有回归分析法、滑动平均法、指数平滑法、周期(季节)变化分析和随机变化分析等。比较复杂的预测分析需要建立计量模型，求解模型中的参数又有许多方法。

统计方法往往有能力的极限，如只用统计机器翻译方法，翻译质量的提高就有限度。一种可能的途径是把其他方法和统计方法结合起来，采用多元化的方法来建立综合性模型。传统 AI(如机器学习)先通过在较小的数据样本集学习，验证分类、判定等“假设”和“模型”的适合性，再应用推广到更大的数据集。

3. 快速傅里叶变换

有限长序列可以通过离散傅里叶变换(DFT)将其频域也离散化成有限长序列。但其计算量太大，很难实时地处理问题，因此催生了快速傅里叶变换(FFT)。1965年，Cooley 和 Tukey 提出了计算离散傅里叶变换(DFT)的快速算法，将 DFT 的运算量减少了几个数量级。从此，对快速傅里叶变换(FFT)算法的研究便不断深入，数字信号处理这门新兴学科也随 FFT 的出现和发展而迅速发展。根据对序列分解与选取方法的不同而产生了 FFT 的多种算法，基本算法是基 2DIT 和基 2DIF。FFT 在离散傅里叶反变换、线性卷积和线性相关等方面也有重要应用。

快速傅氏变换(FFT)是离散傅氏变换的快速算法，它是根据离散傅氏变换的奇、偶、虚、实等特性，对离散傅里叶变换的算法进行改进而获得，对于在计算机系统或者说数字系统中应用离散傅里叶变换，可以说是进了一大步。

4. 平滑和滤波

平滑滤波是低频增强的空间域滤波技术。它的目的有两类：一类是模糊；另一类是消除噪音。空间域的平滑滤波一般采用简单平均法进行，就是求邻近像元点的平均亮度值。邻域的大小与平滑的效果直接相关，邻域越大平滑的效果越好，但邻域过大，平滑会使边缘信息损失的越大，从而使输出的图像变得模糊，因此需合理选择邻域的大小。

5. 基线和峰值

在计算机术语中，基线是项目储存库中每个工件版本在特定时期的一个“快照”。它提供一个正式标准，随后的工作基于此标准，并且只有经过授权后才能变更这个标准。建立一个初始基线后，以后每次对其进行的变更都将记录为一个差值，直到建成下一个基线。

峰值是指在所考虑的时间间隔内，变化的电流、电压或功率的最大瞬间值。

峰值功率就是最高能支持的功率接近或者超过峰值功率。电源的峰值功率指电源短时间内能达到的最大功率，通常仅能维持 30 秒左右的时间。一般情况下电源峰值功率可以超过最大输出功率 50%左右，由于硬盘在启动状态下所需要的能量远远大于其正常工作时的数值，因此系统经常利用这一缓冲为硬盘提供启动所需的电流，启动到全速后就会恢复到正常水平。峰值功率其实没有什么实际意义的，因为电源一般不能在峰值输出时稳定工作。

6. 分类

分类就是找出一个类别的概念描述，这个描述代表了这类数据的整体信息，即该类的内涵描述，并用这种描述来构造模型，一般用规则或决策树模式表示。分类过程是：首先从数据中选出已经分好类的训练集，在该训练集上运用数据挖掘分类的技术，建立分类模型，然后，再对于没有分类的数据进行分类。类的个数确定，预先定义。例如：

(1) 信用卡申请者按低、中、高风险分类。

(2) 实时分析产品出现瑕疵的原因分类。

7. 聚类分析

聚类分析指将物理或抽象对象的集合分组成为由类似的对象组成的多个类的分析过程。所以同一个簇中的对象有很大的相似性，而不同簇间的对象有很大的相异性。聚类分析是一种探索性的分析，在分类的过程中，不必事先给出一个分类的标准，聚类分析能够从样本数据出发，自动进行分类。聚类分析所使用方法的不同，得到不同的结论。不同研究者对于同一组数据进行聚类分析，所得到的聚类数未必一致。在商业中，聚类可以帮助市场分析人员从消费者数据库中区分出不同的消费群体，并且概括出每一类消费者的消费模式或者消费习惯。它作为数据挖掘中的一个模块，可以作为一个单独的工具以发现数据库中分布的一些深层次的信息，或者把注意力放在某一个特定的类上以作进一步的分析并概括出每一类数据的特点。图 4-1 是聚类算法的一种展示，Cluster1 和 Cluster2 分别代表聚类算法计算出的两类样本。打“+”号的是 Cluster1，而打“○”标记的是 Cluster2。

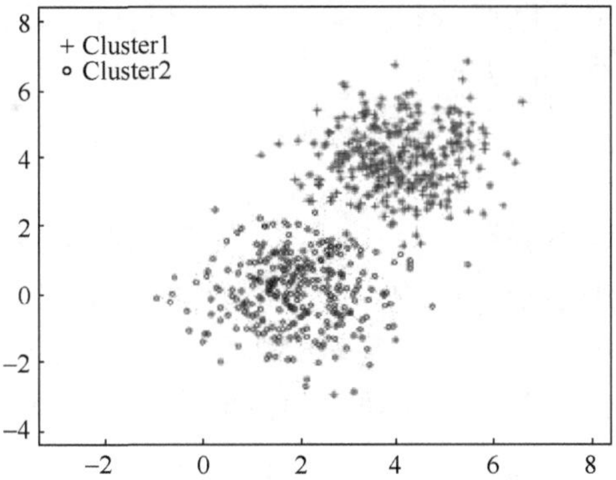

图 4-1　聚类算法示意图

8. 因子分析

因子分析是指研究从变量群中提取共性因子的统计技术。因子分析就是从大量的数据中寻找内在的联系，减少决策的困难。因子分析的方法约有十多种，如重心法、影像分析法，最大似然解、最小平方法、阿尔发抽因法、拉奥典型抽因法等。这些方法本质上大都属近似方法，以相关系数矩阵为基础。在社会学研究中，因子分析常采用以主成分分析为基础的方法。

9. 相关分析

相关分析是研究现象之间是否存在某种依存关系，并对具体有依存关系的现象研究其相关方向以及相关程度。相关关系是一种非确定性的关系，例如，以 X 与 Y 分别记一个人的身高和体重，则 X 与 Y 显然有关系，而又没有确切到可由其中的一个去精确地决定另一个的程度，这就是相关关系。

10. 对应分析

对应分析也称关联分析、R-Q 型因子分析，对应分析通过分析由定性变量构成的交互汇总表来表示变量间的联系。可以揭示同一变量的各个类别之间的差异，以及不同变量各个类别之间的对应关系。对应分析的基本思想是将一个联列表的行和列中各元素的比例结构以点的形式在较低维的空间中表示出来。

11. 回归分析

回归分析是研究一个随机变量 Y 对另一个(X)或一组(X1，X2，…，Xk)变量的相依关系的统计分析方法。回归分析是确定两种或两种以上变数间相互依赖的定量关系的一种统计分析方法。应用十分广泛，按照涉及的自变量的多少，回归分析可分为一元回归分析和多元回归分析。按照自变量和因变量之间的关系类型，又可分为线性回归分析和非线性回归分析。

12. 方差分析

方差分析又称为变异数分析或 F 检验，主要用于两个及两个以上样本均数差别的显著性检验。由于各种因素的影响，研究所得的数据呈现波动状。其原因可分成两类，一是不可控的随机因素，另一是研究中施加的对结果形成影响的可控因素。方差分析是从观测变量的方差入手，研究对观测变量有较显著影响的变量。

13. 列表与作图

1) 列表

列表是指将实验数据按一定规律用列表方式表达出来。表格的设计要求对应关系清楚、简洁明了、有利于发现相关量之间的物理关系。此外还要求在标题栏中注明物理量名称、符号、数量级和单位等。根据需要还可以列出除原始数据以外的计算栏目和统计栏目等。最后还要求写明表格名称、主要测量仪器的型号、量程和准确度等级、有关环境条件参数如温度、湿度等。

2) 作图

作图法可以显式地表达物理量间的变化关系。从图线上还可以简便求出实验需要的某些结果，如直线的斜率和截距值等，读出没有进行观测的对应点(内插法)，或在一定条件下从图线的延伸部分读到测量范围以外的对应点(外推法)。此外，还可以把某些复杂的函数关系，通过一定的变换用直线图表示出来。

3) 常用的图表方法

(1) 柏拉图(排列图)。排列图是分析和寻找影响质量主原因素的一种工具，其形式用双直角坐标图，左边纵坐标表示频数(如件数金额等)，右边纵坐标表示频率(如百分比表示)。分折线表示累积频率，横坐标表示影响质量的各项因素，按影响程度的大小(即出现频数多少)从左向右排列。通过对排列图的观察分析可发现影响质量的主原因素。

(2) 直方图。直方图将一个变量的不同等级的相对频数用矩形块标绘的图表(每一矩形的面积对应于频数)，直方图又称柱状图、质量分布图，是一种统计报告图，由一系列高度不等的纵向条纹或线段表示数据分布的情况。一般用横轴表示数据类型，纵轴表示分布情况。

(3) 散点图。散点图表示因变量随自变量而变化的大致趋势，据此可以选择合适的函数对数据点进行拟合。用两组数据构成多个坐标点，考察坐标点的分布，判断两变量之间是否存在某种关联 或总结坐标点的分布模式。

(4) 鱼骨图。鱼骨图是一种发现问题根本原因的方法，它也可以称之为因果图。其特点是简捷实用，深入直观。它看上去有些像鱼骨，问题或缺陷(即后果)标在鱼头之外。

(5) FMEA。故障模式影响分析(Failure Mode and Effects Analysis，FMEA)是一种可靠性分析设计的重要方法，它对各种可能的风险进行评价、分析，以便在现有技术的基础上消除这些风险或将这些风险减小到可接受的水平。

4.1.4 数据分析的类型

数据分析主要分为探索性数据分析与定性数据分析，主要内容简述如下。

1. 探索性数据分析

探索性数据分析是指为了形成值得假设的检验而对数据进行分析的一种方法，是对传统统计学假设检验手段的补充。探索性数据分析侧重于在数据之中发现新的特征。

2. 定性数据分析

定性数据分析是指定性资料分析、定性研究、照片、观察结果等非数值型数据(或者说资料)的分析。

3. 离线数据分析

离线数据分析用于较复杂和耗时的数据分析和处理。

4. 在线数据分析

在线数据分析(OLAP，也称为联机分析处理)用来处理用户的在线请求，它对响应时间的要求比较高(通常不超过若干秒)。与离线数据分析相比，在线数据分析能够实时处理用户的请求，并且能够允许用户随时更改分析的约束和限制条件。尽管与离线数据分析相比，在线数据分析能够处理的数据量要小得多，但随着技术的发展，当前的在线分析系统已经能够实时地处理数千万甚至数亿条记录。许多在线数据分析系统构建在以关系数据库为核心的数据仓库之上。

4.1.5 数据分析步骤

针对数据的具体情况，安排数据分析的方式，主要考虑下述内容。

最初的数据可能杂乱无章而无规律，但通过作图、造表和用各种形式的拟合来计算某些特征量，探索规律性的可能形式，这就需要研究用何种方式去寻找和揭示隐含在数据中的规律性。在探索性分析的基础上提出几种模型，然后通过进一步的分析从中选择所需的模型。通常使用数理统计方法对所选定模型或估计的可靠程度和精确程度作出推断。

数据分析的具体步骤主要包括识别信息需求、收集数据、分析数据、评价并改进数据分析的有效性等活动，如下所述。

1. 识别信息需求

识别信息需求可以为收集数据、分析数据提供清晰的目标，是确保数据分析过程有效性的首要条件。

2. 收集数据

有目的的收集数据是保证数据分析过程有效的基础。需要对收集数据的内容、渠道、方法进行设计。主要考虑下述问题：

(1)将识别信息需求转化为更具体的要求；

(2)明确何人何时何处，通过何种渠道和方法收集数据；

(3)便于使用记录表；

(4)采取有效措施，防止脏数据对系统的干扰。

3. 分析数据

分析数据是指将收集到的数据通过清洗、集成、整合和分析后，并将其转化为信息的过程。

4.2 大数据分析基础

上述的传统数据分析主要是面向结构化数据的分析，而大数据分析主要是面向非结构化和半结构化数据的分析。只有通过对大数据分析才能获取很多智能的，深入的，有价值的信息。越来越多的应用涉及到大数据，所以大数据的分析方法显得尤为重要，是决定最终信息是否有价值的决定性因素。大数据分析普遍存在的方法有可视化分析、数据挖掘、预测性分析、语义引擎、数据质量和数据管理。

4.2.1 可视化分析

可视化分析是最基础大数据分析,因为可视化分析能够直观的呈现大数据特点，同时能够非常容易被读者所接受，就如同看图说话一样简单明了。不管是对数据分析专家还是普通用户，数据可视化是数据分析工具最基本的要求。可视化可以直观的展示数据，让数据自己说明，让观众看到结果。

4.2.2 数据挖掘

大数据分析的理论核心就是大数据挖掘，各种数据挖掘的算法基于不同的数据类型和格式才能更加科学的呈现出数据本身具备的特点，也正是因为这些所公认的各种统计方法能深入数据内部，挖掘出价值。另外一个方面也是因为数据挖掘的算法能更快速的处理大数据，如果一个算法得用上几年才能得出结论，那大数据的价值也就不存在了。可视化是给人看的，数据挖掘就是给机器看的。集群、分割、孤立点分析还有其他的算法可以使我们深入数据内部，挖掘价值。这些算法不仅能够处理大数据的数据量，也能获得处理大数据的速度。

4.2.3 预测性分析

数据挖掘能使分析员更好的理解数据，而预测性分析可以让分析员根据可视化分析和数据挖掘的结果做出一些预测性的判断。

4.2.4 语义引擎

由于非结构化数据与异构数据等的多样性带来了数据分析的新的挑战与困难，需要一系列的工具去解析，提取，分析数据。语义引擎需要被设计成能够从文档中智能提取信息。从大数据中挖掘出特点，通过科学的建立模型，之后便可以通过模型输入新的数据，从而预测未来的数据。

4.2.5 数据质量和数据管理

大数据分析离不开数据质量和数据管理，高质量的数据和有效的数据管理，都能够保证分析结果的真实和有价值。

上述的是大数据分析基础，针对具体的需要，将出现更加有特点的、更加专业的大数据分析方法。

4.2.6 大数据的离线与在线分析

1. 大数据的离线分析

由于大数据的数据量已经远远超出当今单个计算机的存储和处理能力，当前的离线数据分析通常构建在云计算平台之上，并且应用离线分析，比如开源的 Hadoop 的 HDFS 文件系统和 MapReduce 运算框架。很多的 Hadoop 机群包含数百台乃至数千台服务器，存储了数 PB 乃至数十倍的 PB 数据，每天运行着成千上万的离线数据分析作业，即 MapReduce 任务。每个作业处理几百 MB 到几百 TB 的数据甚至更多的数据；作业运行时间从几分钟到几个小时、几天甚至更长的时间。

简单地可以理解为数据获取、数据整理、数据实时分析、数据存储、数据检索、数据历史分析、数据可视化，如图 4-2 所示。

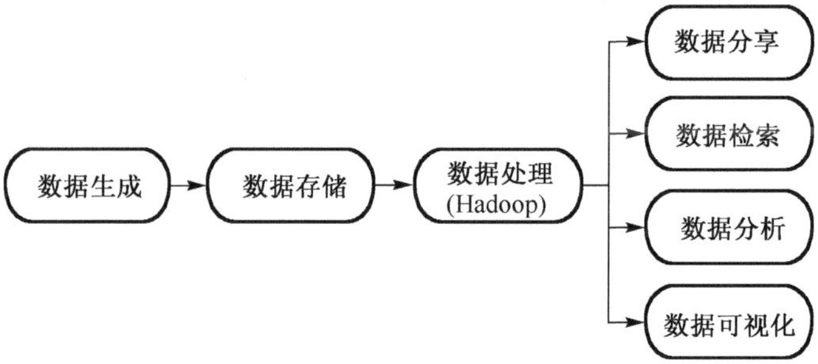

图 4-2 大数据的离线分析

2. 大数据的在线分析

当前的在线分析系统已经能够实时地处理数千万甚至数亿条记录。许多在线数据分析系统构建在以关系数据库为核心的数据仓库之上，不少新兴的在线数据分析系统构建在云计算平台之上的 NoSQL 系统，例如 Hadoop 上的 HBase。因为后者开源、易于扩展和管理，而且成本更低。如果没有大数据的分析和处理，则无法存储和索引数量庞大的互联网网页，就不会有搜索引擎，也不会有构建在大数据处理基础上的微博、博客、社交网络(SNS)等的蓬勃发展。大数据的分析处理许多广泛的应用，与许多市场调查公司通过电话、邮件、信函等方式进行抽样调查和分析不同的是这些数据都是通过对实际访问、交易的大量真实数据进行统计分析得到的。许多在线分析系统应用了 Storm 流式处理系统平台。

4.3 大数据预测分析

预测是通过分类或估值得出模型，该模型用于对未知变量的预言。预言目的是对未来未知变量的预测，预测需要时间来验证，即必须经过一定时间后，才知道预言准确性程度。

预测是利用历史数据找出变化规律，进而建立模型，并由此模型对未来数据的种类及特征进行预测。预测主要关注是精度和不确定性，通常用预测方差来度量。估计与分类类似，不同之处是分类描述的是离散型变量的输出，而估计值处理连续值的输出。分类的类别数目确定，估计值不确定。一般来说，估计值可以作为分类的前一步工作。给定一些输入数据，通过估计值，得到未知的连续变量的值，然后，根据预先设定的阈值，进行分类。例如银行对家庭贷款业务，运用估计值给各个客户记分，然后，根据阈值将贷款级别分类。例如：

(1) 根据购买模式，估计一个家庭的孩子个数；

(2) 根据购买模式，估计一个家庭的收入；

(3) 估计拥有的实际财产的价值等。

大数据分析最重要的应用领域之一就是预测性分析，从大数据中挖掘出特点，通过科学的建立模型，之后便可以通过模型带入新的数据，从而预测未来的结果。

电子商务网站通过数据分析预测顾客购买推荐的产品情况；信贷公司通过数据预测借款人是否会违约；执法部门用大数据预测特定地点发生犯罪的可能性；交通部门利用数据预测交通流量。但是，预测不是大数据时代才有的新问题，它是人类本能的一部分。大数据预测分析是大数据分析的最重要工作之一。大数据预测分析采用的是大样本技术，而小数据方法采用的是小样本技术，通过对大数据进行分析才能获取智能的、深入的和有价值的信息。预测分析一直是象牙塔里统计学家和数据科学家的工作，日常业务决策者很少使用，但是大数据预测分析将改变这种状况。随着越来越多的数据在网上出现，并整合到现有的BI、CRM、ERP和其他关键业务系统，大数据预测分析最终将成为关注的焦点，并起到越来越重要的作用。

4.3.1 大数据预测分析关键因素

预测分析同时也是一个极端困难的任务，实施成功的预测分析有赖于以下关键因素。

1. 数据质量

数据是预测分析的血液。数据通常来自内部数据如客户交易数据和生产数据。但还需要补充外部数据源，如行业市场数据、社交网络数据和其他统计数据。与流行的技术观点不同，这些外部数据未必一定是“大数据”。数据中的变量是否有助于有效预测才是关键所在。总之，数据越多，相关度和质量越高，找出原因和结果的可能性越大。

2. 数据分析师

数据分析师必须理解业务需求和业务目标，审视数据，并围绕业务目标建立预测分析规则，例如如何增加电子商务的销售额、保持生产线的正常运转、防止库存短缺等。数据科学家需要拥有数学、统计学等多个领域的知识。

3. 预测分析软件

预测分析必须借助预测分析软件来评估他们的分析模型和规则，预测分析软件通过整合统计分析和机器学习算法发挥作用。IBM SPSS和SAS是两个常用的分析软件。R 项目则是一个非常流行的开源工具。如果数据量大到大数据的程度，那么需要一些专门的大数据处理平台如 Hadoop 或数据库分析机如 Oracle Exadata 等。

4. 运营软件

如果找到或建立了合适的预测规则，下一步就是将规则植入应用。预测分析软件应该能以某种方式产生代码，例如预测分析某产品。更重要的是将预测规则需要的数据事先准备好。预测规则也能通过业务规则管理系统和复杂事件处理平台进行优化。

4.3.2 大数据预测分析演进方向

传统的数据分析范型(BI-ETL-EDW)将被新的分析范型取代，全新的数据分析平台将消除当前分析软件在设计和实施方面的延迟和低效率，新的数据分析范型是目标导向的，不关心数据的来源和格式，能够无缝处理结构化、非结构化和半结构化数据。能够输出有效结果；能够提供去黑箱化的预测分析服务，能够面向更广泛的普通员工快速部署分析应用。数据管理、分析透明度以及用户应用是阻碍企业数据分析应用的关键问题。

1. 数据管理

Hadoop 已经成为企业管理大数据的基础支撑技术，并传递出一个非常明确的信号：主要的 Hadoop 发行商想要在 Hadoop HDFS 之上提供实时、互动的查询服务。这个趋势将 SQL 查询处理与具备指数级扩展能力的 HDFS 存储架构两个杰作整合到了一起，实现对 PB 级别大数据的管理方式。

2. 去黑箱化

预测分析是管理者进行数据化决策的关键。目前预测和统计分析领域已经有很多技术可以帮助企业预测不远的未来。但预测分析面临的最大问题是黑箱化。随着企业领导越来越多地以来预测分析技术做出重大商业决策，预测分析技术需要去黑箱化。包括应用自描述数据沿袭，增加对底层数学和算法解释等。去黑箱化有利于企业管理者学会彻底驾驭数据分析工具，不但看到数据分析结果，还知道分析是如何得来的，分析工具的设计原理等，这有助于管理者增加对预测分析的信心，而不是过去那样完全依赖。R 和 Stata的崛起，正在冲击传统分析学术圈的的黑箱式分析方法，这也代表着商业世界的发展趋势。

3. 应用普及

即使实现了分析的去黑箱化，企业数据分析应用在企业中的部署依然面临以下几个方面的挑战：发布可复用应用，创建最佳实践、组织范围内的横向协作，无缝重组模型等。在最终用户(员工)中的应用普及是数据分析成功的关键。例如，建设一个专门提供分析应用的企业移动应用商店往往能大大加快数据分析的应用普及。分析应用将不再是数据科学家的专利，更多分析应用将以预先打包的内容和应用发送到分析人士和企业员工的手中。

4.3.3 大数据预测分析相关问题

大数据预测分析应用广泛。大数据将组群分析和回归分析等较常用的工具交到日常管理人员手中，然后可以使用非交易数据来做出战略性的长期的业务决定。客户服务代表可以独立决定一个问题客户是否值得保留或者升级，或者销售人员可以基于人们对零售商在网站上的评价来调整零售商的产品量。大数据并不是要取代传统 BI 工具，大数据将让 BI 更有价值和更有利于业务发展。在大数据时代，因为数据很多，很可能可以找到相关的关系，使原来找不到的相关关系现在找得到了。

但是因为数据太多，不一定能够理解为什么。但是只要能先找到相关关系，就已经很不错了，但也可能会找到内在的因果关系。在大数据时代，不一定知其所以然，但知其然。

在预测中，如果仔细地查看使用从 BI 工具收集到的历史交易数据，就会发现，最新商家定位活动更倾向于参考来自大数据技术处理的结果。

1. 分析社交媒体中的非结构数据

社交媒体中存在很大的商机，如果没有预测分析，很可能错过机会。在过去，根据历史数据来做决定，但现在需要预测分析。需要结合大数据开源技术(大多数大数据平台都源自开源)、摩尔定律、商品硬件、云计算以及捕捉和存储大量非交易数据来实现预测目的。要将大数据中非结构化数据(例如视频和电子邮件)参与这一过程，与来自各种引擎(追踪用户对你的品牌的评价)的新来源的信息，可以通过博客和用户论坛，然后将这些信息与地理数据相关联，并结合现有结构化客户数据，可以获得了强大的预测能力。

2. 缩短大数据分析时间

大数据分析的一个很大优势在于缩短预测时间，数据科学家曾经需要花几个月时间来建立查询或者模型以回答关于供应链或生产计划的前瞻性业务问题，现在只需要几个小时就可以完成。这是因为利用大数据技术可以实现信息在被优化或者关系化之前进行分析。再加上高级分析技术，使业务经理在非常短的时间内询问和回答问题。之所以能这样做是因为大数据技术可以自动化建模步骤，并可以在无人值守的情况下执行。

3. 大数据预测分析和传统的数据仓库的不同

大数据预测分析中包含了各种快速发展中的技术，简单用某一种技术将会比较困难。

传统的数据仓库系统通常从现有的关系型数据库中抓取数据。然而，超过50%的企业数据是非结构化的，即无法用关系型数据库管理系统(RDBMS)来实现。一般而言，非结构化数据无法简单转化到关系型数据库中的数据。但是，企业现在希望从下述非结构化数据类型中抽取有价值的信息。

(1)邮件和其他形式的电子通信记录；

(2)网站上的资料，包括点击量和社交媒体相关的内容；

(3)数字视频和音频；

(4)设备以及物联网产生的数据(RFID，GPS，传感器产生的数据，日志文件等)。

在大数据分析中，查看多种大量的数据类型十分必要，这代表了各种重要的新信息源。并且随着每年非结构化数据存储总量较结构化数据增长率高出10～50倍，从业务角度看这些数据也变得更为重要。但是，传统的数据仓库技术对非结构化数据的处理根本无法满足大数据的需求。所以，存储管理人员更快的跟随技术发展，更新自己的技术和知识结构，提高自己对大数据的管理和分析能力。

4.3.4 舆情监测与分析

舆情监测分析并不是一个新鲜事务，古代的邱报算是今日舆情监测分析的鼻祖。

1. 舆情监测内容

监测内容主要包括对主流门户网站、国内外主流论坛、主流媒体、博客微博、主流搜索引擎(如百度、谷歌等)等站点进行全景扫描，对本单位相关刑事、民事、行政案件与信息进行全面收集、精确分析、清晰归类和个性统计等工作，最终实现负面信息及时发现、重大事件实时跟踪，自动生成各种统计报告，敏感信息及时预警等，监测内容的更详细说明如下所述。

1) 网民披露监测

论坛、博客和微博现已成为网民表达自我想法，披露各种现象的最有效平台，经过一个个体都已成为新闻的发布者、新闻的传播者和新闻的评论者。通过本系统可以第一时间发现网民所发布的内容，如果与法律有关问题就会自动收录进系统。如果是重大负面事件，如各种法律案件行为等，系统就会自动预警给单位相关负责人，可以第一时间掌握事件的实际情况，通过实地考察迅速制定解决方案，第一时间给予妥善解决，最终获得广大人民群众的认可。

2) 热点舆情检测

针对重大事件进行不间断实时检测，实现自定义热点事件实现对热、热点事件设置监测关键词、检测周期、检测范围、实时对重大事件相关信息进行汇总，自动生成传播趋势图、相关人员统计图、相关机构统计图等各种图表。

3) 单位舆情检测

支持单位领导及相关部门为主题词的舆情信息采集，随时进行舆情信息检测。

2. 舆情分析概述

舆情分析就是根据特定问题的需要，对针对这个问题的舆情进行深层次的思维加工和分析研究之后，得到相关结论的过程。

1) 舆情分析的方法

(1) 内容分析法。内容分析法是一种对信息内容作客观、系统的定量分析的专门方法，其目的是弄清或测验信息中本质性的事实和趋势。提示信息所含有的隐性情报内容，对事物发展做情报预测。

(2) 实证分析法。实证分析法是通过分析大量案例和相关数据后，试图得出某些结论的一种方法。

2) 舆情分析的价值

舆情分析具有重要的价值。在某个事件发生后，广大群众会通过各种途径了解到事情，随后而来的便是纷纷如雨下的评论，或支持或反对、或理性或感性、或热情参与或冷眼旁观。当一种论调得到大家的认同后，舆情甚至可以对事件的走向产生重大的影响。而一旦有心人可以从这舆情中分析出些什么，得到些什么，那么就可以做出一个正确的决定。舆情分析就是一个风向标。

4.3.5 大数据舆情分析

1) 大数据舆情分析的目标

大数据舆情分析的目标是要从复杂的大数据舆情中照出规律，也就是说，从网上及时发现舆情话题的热点，通过对舆情样本进行科学收集、抽样、统计、汇总、分析，准确把握舆情现状，并在此基础之上，对其发展走势给出预测，提出应对与处理的意见和建议。

2) 大数据舆情分析的工作特点

(1) 快捷。舆情分析就是从网上找线索，找信息，然后进行加工处理。所以要快捷，这是因为网上信息传播数度快，分析师要能够跟上节奏。

(2) 准确。除了快捷之外，还要准确，在网上的信息很复杂而庞大，必须眼光独到，找到的是最有价值与代表性的样本，这是一项艰难的工作。

(3) 专业。专业是指专业的分析与研究与判断，科学的应对和处置方法，要有理论基础和实践经验。

3) 大数据舆情分析的流程

要追踪所服务部门的舆情态势，例如发现最近的舆情热点，通过科学抽样分析总结出其中趋势规律，进行文字描述，并辅以图表，提出意见，从而生成舆情简报，同时通过各种方式进行预警和汇报。

4) 大数据舆情分析的职业化

随着社交媒体和移动终端的飞速发展，尤其是社会媒体和移动终端的飞速发展，信息的传播速度越来越快，参与讨论的网民也越来越多，导致大数据的产生，仅依靠传统的个人上网方式不能完成及时有效地发现舆情、了解舆情全貌，因此，大数据舆情职业化应运而生。

第5章　大数据农业科研创新

科学问题是指科学认识主体在已完成的科学知识与科学实践的基础之上，提出的有可能解决的问题，包括求解目标和应答领域。人类科学进步史就是一个不断提出科学问题和不断解决科学问题的历史。科学问题具有时代性、混沌性、可解决性、可变异性和可待解性等特征，科学问题的方法论占有重要地位，科学问题的方法论具有裂变作用、聚变作用与激励作用。

万物之灵的人类对外部世界的认识已达到令人惊叹的高度，在宏观上远及亿万光年的宇宙，在微观上已达层子、夸克世界。从宏观到微观、从自然到社会的观察、感知、计算、仿真、模拟、传播等活动，产生出大数据。科学家不仅通过对广泛的数据实时、动态地监测与分析来解决难以解决或不可触及的科学问题，更是把数据作为科学研究的对象和工具，基于数据来思考、设计和实施科学研究。数据不再仅仅是科学研究的结果，而是变成科学研究的活动基础与资源。研究者更关心利用泛在网络及其内在的交互性与开放性，利用大数据的可知识对象化、可计算化，构造基于数据的、开放协同的研究与创新模式，进而诞生了数据密集型的知识发现的科学研究第四范式。数据科学家也就成为了第四范式的实际践行者。

科学范式是科学发现的理论基础，是科学工作者共同遵循的普适的世界观和行为方式。范式代表了人类思维的方式和根基，也是科学知识交流时共同遵守法则。范式的本质是理论体系，范式是一种公认的模型或模式。范式的演变是科学研究的方法及观念的替代过程，科学的发展不是靠知识的积累而是靠范式的转换来完成，新范式形成表明建立起了常规科学。库恩的模型描述了一种科学的图景：一组观念成为特定科学领域的主流和共识，创造了一种关于这个领域的观念，进而拥有了自我发展的动力和对这个领域发展的控制力。它代表了对观察到的现象的合理解释，这种观念或范式从渐进发展的机制中获得启发和动力，同时被科学家逐渐完善。当现有范式无法解释观察到的现象，或者实验最终证明范式是错误时，那么范式失败，转变范式的机会也就随之到来。大数据的出现是科学研究第四范式出现的导火线。存储、处理、分析大数据的能力是科学必须适应的新事实，数据是这个新范式的核心，它与实验、理论、模拟共同成为现代科学方法的统一体。在科学发展的历史长河中，人类先后经历了实验、理论和计算的三个科学研究范式。前三种范式作出了巨大的贡献，在历史上已成功地将科学的发展引领至今天的辉煌，而且模拟仍处于现代科学的核心。毫无疑问，基于现有的范式与技术，科学研究还将获得增量进展，传统的三种科学发现模式已经不能在一些领域进一步发挥有效的作用。如果需要更重大的突破，就需要新的方法，需要开创新范式，第四科学研究第四范式应运而生。

大数据科学将将给科学家带来技术挑战，IT 技术和计算机科学将在推动未来科学发现中发挥重要作用。随着科研人员获取数据方法与手段的变化，科研活动产生的数据量激增，科学研究已成数据密集型活动。农业科研数据规模大、类型复杂多样、分析处理方法复杂，已成为大数据的一个典型代表。大数据所带来的新的科学研究方法反映了未来科学的行为研究方式，数据密集型农业科学研究将成为农业科学研究的普遍范式。

5.1 科学研究第一范式

科学研究第一范式产生于几千年前，科学实验主要描述自然现象，以观察和实验为依据的研究，可称之为经验范式。科学实验是人们为实现预定目的，在人工控制条件下，通过干预和控制科研对象而观察和探索科研对象的规律和机制的一种研究方法。它是人类获得知识、检验知识的一种实践形式。科学实验是观察的一种形式。基于铁球比羽毛更快落地的观察，亚里士多德总结说越重的物体降落越快，这就是最典型的基于经验的科学发现的范式。

严格意义上的科学实验是从近代开始的，其根本原因在于工业生产在这时得到了长足发展，实验方法的运用形成了近代自然科学的主要特点。

事实不但提供了大量可供观察的材料，而且也提供了与以往完全不同的实验手段，并使新的工具的制造成为可能。近年来，科学实验经历了很大发展，科学实验的社会性也逐步提高。科学实验的规模愈来愈大，而成为整个社会事业的一部分。

5.1.1 科学实验特点

1. 纯化观察对象条件

由于自然界中的对象和现象处在复杂的联系中，其内部包含大量因素，所以任何一个具体的对象都是多样性的统一，进而掩盖了对象的某些特性，或者受到其他因素的干扰，以致对象的某些特性模糊不清。而在科学实验中，可以利用实验手段，对研究对象进行人工改变和人工控制，使其摆脱各种偶然因素的干扰，致使被研究对象的特性就能暴露出来。就能获得被研究对象在自然状态下观察不到的特性。

2. 强化观察对象

在科学实验中，可以利用实验手段，构造出在地球表面的自然状态下无法出现的或几乎无法出现的特殊条件，例如超高温、超高压、超低温、超真空等。在这种强化了的特殊条件下，遇到了许多前所未知的、在自然状态中不能或不易遇到的新现象，发现了许多具有重大意义的新事实。

3. 可重复性

由于在自然条件下无法对发生的现象反复地观察。但在科学实验中，可以通过实验手段使被观察对象重复出现，这样既有利于长期进行观察研究，又有利于进行反复比较观察，对以往的实验结果加以核对。

正是由于科学实验具有上述的特点，使得科学实验广泛地应用，并且在现代科学中占有重要的地位。

5.1.2 科学实验的主要步骤

科学实验应该包括如下步骤。

1. 观察

观察事实和事件的详细记录。

2. 定义

对问题进行定义，并且定义为可操作。

3. 假设

假设是指对一种事物或一种关系的暂时性解释。

4. 检验

收集证据和检验假设，要能提供假设所需的客观条件，而且需要找到方法来测量相关参数。

5. 发表

发表研究结果，科学信息必须公开，真正的科学关注的是解决问题。

6. 建构

构建理论。孤立的问题无法建立理论，科学的理论是可以被证伪的。

5.1.3 科学实验分类

实验类型可以基于下述几点分类。

1. 基于实验目的分类

根据实验的目的的不同，可以将科学实验分为定性实验、定量实验和结构分析实验。

(1) 定性实验是用以判定某种因素、性质是否存在的实验。

(2) 定量实验是用以测定某种数值或数量间关系的实验。

(3) 结构分析实验是用以了解被研究对象内部各种成分之间空间结构的实验。

2. 基于手段的作用分类

根据实验手段(仪器、设备工具等)是否直接作用于被研究为标准，实验可分为直接实验、间接实验和模型实验等。

(1) 直接实验。直接实验就是实验手段直接作用于被研究对象的实验。

(2) 间接实验。间接实验就是实验手段间接作用于被研究对象的实验。

(3) 模型实验。根据相似原理，模型实验用模型来代替被研究对象，即代替原型。

3. 基于对象性质分类

根据实验对象性质的多样性，可以分为物理实验、化学实验、生命实验、人体实验等。

4. 基于预定目的分类

根据实验者的预定目的可分为定性实验、定量实验、测量实验、对照实验、验证性实验和判定性实验等。

5. 基于实验对象分类

根据实验对象的透明度，可以分为黑箱实验、灰箱实验和白箱实验等。

研究者应充分利用试验方法来研究特定的事物，但是由于实验方法的局限性，实验不能替代理论研究。许多问题无法完全通过实验进行研究，实验的结果与普适的理论之间存在距离。

5.1.4 科学实验构成

科学实验由下述三个部分构成。

1. 实验者

实验者是指组织、设计和进行科学实验的人。主要负责实验目的的确定，实验方案的设计、实验步骤的制定、实验过程的操作、实验结果的处理与解释等，实验者是实验活动的主体，任何一个环节都不可脱离实验者。

2. 实验对象

实验对象可以是自然界的物体及其现象，也可以是人造的物体及其现象，实验对象是处于认识客体的地位。

3. 实验手段

实验手段是由实验仪器、实验工具、实验设备等客观物质条件组成，实验仪器是主要成分。实验手段的作用主要表现在下述两个方面。

(1)通过实验手段可将控制实验对象的意图传递给实验对象。

(2)通过实验手段可显示实验对象的特性，而将实验对象的状态传递给实验者，使实验者能够获得关于实验对象的有关认识。

新的实验手段往往带来科学理论上的重大突破和发展，因此，有意识地改进实验手段是一项具有战略意义的措施。模型实验是用模型来代替原型进行实验。模型具有双重的性质，模型是实验对象。但模型又是实验者所运用的实验手段。正是模型的双重性，使它在科学实验中占有特殊重要的地位。

5.1.5 科学实验程序

1. 准备阶段

科学实验的准备阶段非常重要。准备阶段的决定了科学实验的价值与成败。

1)确立实验目的

确定实验目的能够明确为什么而进行实验。在确立实验目的之后，并不能马上着手设计实验，而是要先明确以什么理论来指导实验的设计。

2)着手实验设计

实验设计的任务，就是为了在实施实验之前，先将这个实验在自己的观念中完成。实验设计是运用一定理论进行逻辑推论的过程。实验设计的优劣取决于设计过程中的逻辑思维严密性。

3)实验仪器、设备与材料的准备

每一种实验仪器都是以某种理论为基础而进行设计和制造。每采用一种仪器，实际上就表明引进了一些理论，材料的选用也是根据一定的理论进行的。

2. 实施阶段

实施阶段是科学实验的第二个阶段，这个阶段就是实验者操作一定的仪器设备使其作用于实验对象，以取得某种实验效应和数据。仪器设备与实验对象的相互作用是不依人的意志为转移的、合乎规律的表现。

3. 结果处理阶段

这一阶段是对实验结果进行分析阶段。在实验过程中，将有一些事前没估计到的主客观因素。客观因素主要是指实验仪器设备的变化、实验初始条件、环境条件的偶然变化、实验材料某些差异等。主观因素主要是指，遗漏了系统误差的考虑，在读取数据时感官上造成的偏差等。这些将影响实验结果。

实验法是指在人为控制下的研究方法。实验法是自然科学研究领域最早应用的研究方法之一，是近代自然科学建立的基石。达•芬奇、伽利略、牛顿等都利用实验方法做出了巨大的科学成就。

5.1.6 第一范式使用原则

1. 掌握理论

实验方法是在人为的控制下进行研究的一个过程，在精心设计实验方案和进行具体实验的过程中，理论指导和前人经验异常重要。应熟练掌握实验课题的理论和运用前人积累的经验。

2. 提出假设

在科学研究中实验的目的是：探索和发现新现象或新规律；检验已有知识或理论的正确性。为此，应事先提出假说或理论等。

3. 精心设计

根据一定的理论，结合具体的研究对象，可以采取不同的研究方式。应精心设计，严密组织。

4. 做好准备

实验环境对于实验的成功与否有很大关系，应选择好实验环境，准备好实验工具。

5. 保持状态

为了保证实验结果的客观性，需要保持受验者的常规状态。因为只有在常态下，事物或人所表现出来的情况才是真实的情况。

6. 控制因素

在实验过程中，要根据研究目的来控制实验中的各种因素。通过突出主要因素，排除次要因素、偶然因素以及外界的干扰，达到更准确地认识事物的本质规律。

7. 仔细观察

应仔细观察，尽可能得到精确的数据。

8. 反复实验

在实验之前，首先进行探索性的试验，可以为后面的实验积累信息和思路。实验要重视其可重复性。重复性是科学性的条件之一。

9. 核对结论

实验结束之后，要对实验数据处理与整理，从中提取出科学事实或普适的理论。

5.2 科学研究第二范式

科学研究第二范式产生于几百年前，是以建模和归纳为基础的范式，又称之为理论范式。科学理论是由一系列特定的概念、原理、命题以及对它们的严密论证组成的知识体系。

1. 经验现象

经验现象是可以感觉到，或通过观测、计量等获得有关它的信息，这些信息也能被其他观察者所证实。经验现象具有两个基本功能。

(1) 建立理论；

(2) 现存理论的系统阐述、扩展和澄清。

2. 理论

理论是解释事实，而不是描述事实。这种解释是对个别的、特殊的事件所做的一般的、概括的总结性归纳论述，应说明的是，任何科学理论都是试探性的、暂时的、猜测性的，而且是假说或真理的近似。

5.2.1 科学理论的特征

1. 抽象性

抽象性是对经验事实的简化与概括。在分析事实时，去掉物理的，非本质的东西，对事实进行必要的简化，而使事实更易于分析，并以纯粹的形态呈现。理论是关于经验事实的合乎规律的构造。

2. 逻辑性

由于科学理论建立在概念、判断、推理与逻辑证明基础之上。因此，科学理论凸显了逻辑性。

3. 系统性

由于科学理论是一种系统的逻辑体系，因此，系统性也是科学理论的重要特征。

5.2.2 科学理论结构

科学理论结构由三个基本要素组成：概念、联系和原理。

1. 概念

概念是人们在对经验事实获得感性认识基础上经抽象思维而形成的反映事物本质联系的逻辑形式，建立概念是理论建构必要的环节。概念也是建立前提假设的一种形式。

2. 联系

一个科学理论所使用的概念不是单一的，而是多个概念群。这些概念按着固有的隶属关系，形成一个有序的概念体系，并构成理论论述体系的关节点。理论就是概念的展开。

3. 原理

原理是指以概念为基础，对事实或现象进行分类和分析，并能给予合理的解释。原理是对经验事实基本关系的反映，是一种表现为科学判断的思维形式。

5.2.3 科学理论的价值

科学理论具有解释和预测功能，并具有指导实践的内在倾向性。科学理论的价值是提供关于事实的解释，引导对事实的认识。理论家的基本职责是认识世界，扩展对经验事实的认识，通过理论创新不断增进理论解释能力。

5.2.4 建立科学理论体系的方法

建立科学理论体系的常用方法有如下几种。

1. 从抽象上升列具体的方法

从抽象上升到具体的方法是将科学研究已经获得的结果(概念、原理、规律等)，按照从低级到高级、从简单到复杂、从抽象到具体的上升过程加以系统化，进而构造一个严密的科学理论体系。

2. 公理化方法

公理化方法是构建科学理论体系重要的方法之一，从基本概念、公理、公设出发，应用演绎推理规则，推导出一系列的新命题和定理，并依次排列建立整个理论体系。

3. 逻辑与历史相统一的方法

自然发展过程和人对自然认识的发展过程都遵循从低级到高级、从简单到复杂的运动方向，表明了从最简单上升到复杂的进程符合历史过程。达到历史和逻辑统一。逻辑和历史相统一的方法就为构造科学理论体系提供了切实的方法论。

5.3 科学研究第三范式

科学研究第三范式产生于几十年前，计算机的诞生催生了第三范式出现。

科学研究第三范式是以模拟复杂现象为基础的计算科学范式，又称之为模拟范式。程序模拟是一种能用来帮助用户在不确定条件下进行决策的方法。用户必须在不完全了解事件的发生及其影响如何的情况下，从大量方案中选出一种行动方案来。如果出现特殊事件，将会出现不确定性。

模拟有三种方法，数学模拟方法、程序模拟方法和物理模拟方法。其中数学模拟方法比较抽象，物理模拟方法的代价较高，程序模拟方法处在两者之间。数学模拟方法与程序模拟方法是常采用的方法。数学模拟方法是指以数学为工具的科学研究方法，用数学语言表达事物的状态、关系和过程，并通过推导形成解释和判断。这种方法的基本特征是高度抽象、高度精确、具有普遍意义。数学语言是科学研究的简洁精确形式化语言。

程序模拟是系统科学方法中的主要方法，系统科学方法是将研究的对象看成一个整体，并且使思维对应于适当的抽象级别。一般遵循整体性、动态性、最优化和模型化原则。常用的系统科学方法有：系统分析法、黑箱法、功能模拟法、整体优化法和信息分析法等。

5.3.1 概述

1. 发展过程

需要制造一个模型来进行各种试验。

用数学模型能较方便地描述一个系统，但缺乏直观性，也不便于进行试验。在数学模型的基础上，可进一步作出实物模型，用实物模型试验比较直观、可信，但仍不够经济和方便。

计算机出现以后，可以把数学模型编制成计算机程序，提供新的、通用的试验方法。计算机也可用于模拟与运筹有关的活动。程序模拟通过反复试验，帮助人们了解系统的性能，检验预想的假设，进行系统分析、设计、预测或评估，还可提供相当逼真的环境，借以培养和训练人员。程序模拟已成为工程研制、自然学研究、经济和社会问题研究、教学训练活动、军事研究、组织管理等许多领域中的一个有力的工具。著名的四色问题就是利用程序模拟方法成功解决的。

2. 基本方法

程序模拟形成问题到最后模型确认步骤如下。

(1) 形成问题，明确模拟的目的和要求。

(2) 数据收集，收集和处理系统有关的数据。

(3) 形成数学模型，找出组成系统的各个部件，并描述各时刻的状态的有关变量或参数。

(4) 根据收集的数据确定或估计模型中的参数，并选择模型的初始状态。

(5) 设计逻辑或信息的流程图，直至编制出计算机程序。

(6) 程序验证，检验程序与数学模型之间的一致性，以及输入量的合理性。

(7) 进行模拟试验，对给定的输入在计算机上执行程序。

(8) 结果分析，收集和整理试验结果并作出解释。

(9) 模型确认，检验由模型所得的结果与真实系统的性能数据的一致性程度。

模型有效的程度可分为：

(1) 重现有效的，即模型可重现真实系统的性能。

(2) 预测有效的，即模型能有效地预测真实系统的未来性能。

(3) 构成有效的，即模型能反映真实系统内部的结构。

由于系统本身随时间变化，对真实系统数据和模型试验结果的比较常需要采用时间序列分析方法或统计分析的方法。

5.3.2 离散模型的模拟

1. 离散时间模型的模拟

离散时间模型中的时间表示为整数序列，只考虑系统在这些时刻上的状态变化。

2. 离散事件模型的模拟

在离散事件模型中，系统的状态改变只在离散的时刻出现，称为离散事件。建立这种模拟模型的基本步骤和方法是：

(1)确定系统中包含的所有实体及其属性，系统状态改变的一切事件及其前因后果。

(2)确定模拟时间推移的方法。

(3)由于系统中事件的出现常具有随机性，服从一定的概率分布，因而在计算机上需要产生这些分布的随机数。

(4)为了灵活有效地记录系统的状态，进行事件的调度，积累有关性能数据并形成报表，保存和自动管理未来事件文件。

5.3.3 连续系统模拟

状态随时间连续变化的系统称为连续系统，状态变化的速率满足一定的微分方程。在计算机上建立对应的模拟模型，需要求解微分方程的有效的数值方法，并设计标准子程序，对包含反馈和控制的系统的模拟是典型例子。

5.3.4 模拟语言

模拟程序可采用程序设计语言(如 Java，C，C++等)编写，还可采用专用模拟语言编写。程序模拟语言是一种高级的描述系统模型的编程语言，用户可较方便地确定模型的基本结构，只要再添加一些辅助的程序就可设计出模拟程序。

模拟语言可分为离散事件模拟语言(如 GPSS 及其各种改型、SIMSCRIPT、GASD、CSL、SIMULA 等)和连续系统模拟语言(如 DARE、ACSL、CSS、CSSL 等)两大类型。对于各种应用领域还有专用的模拟语言。

5.4 科学研究第四范式

在 20 世纪，蕴藏着科学理论的科学数据经常被掩埋在零零散散的实验记录中，只有少数的大项目数据被存储在磁介质中，来自单个的、小型的实验室科学数据很容易丢失掉，大数据管理与支持科研群体获取分布保存的数据成为了巨大的挑战。

图灵奖获得者、美国计算机科学家詹姆斯·尼古拉斯·吉姆·格雷 2007 年 1 月 11 日在计算机科学与电信委员会上的最后一次演讲中描绘了关于科学研究第四范式的愿景。这个范式成为由实验、理论与仿真所主宰的早期历史阶段的符合逻辑的自然延伸。

詹姆斯·尼古拉斯·吉姆·格雷博士(生于 1944 年，2007 年 1 月 28 日在海上失踪）因作为一个程序员、数据库专家、工程师与研究者的工作而广受尊重。1969年吉姆成为吉利福尼亚大学伯克利分校第一个获得计算机科学博士学位的人，曾在多个著名高科技公司工作，包括贝尔实验室、IBM 研究院、天腾计算机公司、数字设备公司，最后加盟硅谷的微软研究院。

采用传统的第一、第二、第三范式的方法，直接研究密集型数据本身已经无法进行模拟推演，无法通过主流软件工具在合理的时间内抽取、处理、管理并整合成为具有积极价值的服务信息。正在出现的科学研究第四范式是以数据考察为基础，联合理论、实验和模拟一体的数据密集计算的范式，数据被捕获或者由模拟器生成，利用软件处理，信息和知识存储在计算机中，科学家使用数据管理和统计学方法分析数据库和文档，称之为数据密集型范式。

5.4.1 数据密集型计算

数据量的急剧增长以及对在线处理数据能力要求的不断提高，使海量数据的处理问题日益受到关注。源于自然观测、工业生产、产品信息、商业销售、行政管理和客户记录等的大数据在信息系统中所扮演的角色已经从被管理者向各类应用的核心转变，并已经成为企业和机构的最有价值的资产之一。其典型特点是大规模、异构、半结构化或非结构化。通过网络提供基于大数据的各类互联网服务或信息服务，是信息社会发展的趋势。这一趋势为业界和学术界提出了新的技术和研究问题。这类新型服务的重要特征之一是都是基于大数据处理的。在这种背景下，数据密集型计算作为新型服务的支撑技术引起广泛重视。

1．数据密集型计算的特点

数据密集型计算是指能推动前沿技术发展的对大数据的获取、管理、分析和理解。它有三层含义：首先，其处理的对象是数据，是围绕数据展开的计算。需要处理的数据量非常巨大，且变化快、分布、异构。因此，传统的数据库管理系统不能满足其需求；其次，计算包括从数据获取到管理再到分析、理解的整个过程。因此，数据密集型计算既不同于数据检索和数据库查询，也不同于传统的科学计算和分布计算，是分布计算与数据分析和挖掘的结合；最后，其目的是推动技术前沿发展，是完成仅依据单一数据源和准静态数据库无法实现的应用。

数据密集型计算的典型应用可概括为三类。

1）万维网应用

无论是传统的搜索引擎还是新兴的 Web 2.0 应用，都是以大数据为基础，以数据处理为核心的互联网服务系统。为支持这些应用，系统需要存储、索引、备份大量异构的万维网（Web）页面、用户访问日志以及用户信息，并且还要保证能快速准确地访问这些数据。这需要数据密集型计算系统的支持，因此 Web 应用成为数据密集型计算发源地。

2) 软件即服务应用

软件即服务(software as a service，SaaS)通过提供公开的软件服务接口，使用户能够在公共的平台上得到定制的软件功能，为用户节省了软硬件平台的购买和维护费用，也为应用和服务整合提供了可能。因此有效地管理和整合用户的各类应用所涉及的数据，并在保证数据安全和隐私的前提下提供数据融合和互操作功能，需要数据密集型计算系统的支持。

3) 大型企业的商务智能应用

大型企业地理上往往是跨区域分布的，互联网为其提供了统一管理和全局决策的平台。实现企业商务智能需要整合生产、销售、供应、服务、人事和财务等一系列子系统。数据是整合的对象之一，更是实现商务智能的基础。由于这些子系统中的数据包括产品设计、生产过程、计划、客户、订单以及售前后服务等，类型多样、数量巨大、结构复杂和异构，因此数据密集型计算系统是实现跨区域企业商务智能的支撑技术。

2. 数据管理

数据密集型计算系统中的数据管理问题是核心问题。其与传统的数据管理问题相比，在应用环境、数据规模和应用需求等方面有本质区别，体现在数据、处理技术以及应用提供方式三个方面。

数据密集型计算处理的是大量、快速变化、分布和异构的数据，数据量一般是 TB 甚至是 PB 级的，因此传统的数据存储和索引技术已不适用。地理上的分布性、模型和表示方式的异构性给数据的获取和集成带来了困难。数据的快速变化特性要求处理必须实时，而传统的针对静态数据库或者数据快照的数据管理技术已不适用。

数据密集型计算中计算的含义是多元的。它既包括搜索、查询等传统的数据处理，也包括分析和理解等智能处理。数据密集型计算所需要的数据分析和理解不仅仅是单一的数据分析或挖掘算法，这些算法必须能够在大量、分布和异构数据管理平台上高效地实现。数据特性决定了不可能为每一个数据分析和理解任务从存储和索引开始开发新的算法。因此，数据密集计算需要的是与存储和管理平台紧密结合的、易用的数据搜索、查询和分析工具。用户可以构造复杂的数据分析甚至理解应用。由于数据密集型计算要求在海量存储和高性能计算平台上实现，因此数据密集型计算通常无法在本地提供服务。有效方式是以 Web 服务方式提供应用接口。然而和传统的高性能计算不同，用户的要求可能包括从数据获取到预处理再到数据的分析、处理的整个过程，可能涉及复杂的流程。因此，数据密集型计算应用的服务接口必须提供整体流程的描述功能，并提供良好的客户机与服务器之间的基于 Web 服务的交互功能。

5.4.2 格雷法则

数据密集型科学有三个基本活动组成，数据的采集、管理与分析。数据从各种不同规模和性质的来源涌来，主要有：大型国际实验；跨实验室、单一实验室或个人观察实验；来自个人生活之中。各种实验涉及多学科、大规模数据，特别是它们的高数据通量，对合适的数据采集、管理与分析工具成为巨大的挑战。

对于大型科学数据集的大数据工程，吉姆.格雷制定了非正式法则或规则，如下所述。

(1)科学计算日益变得数据密集型。

(2)解决方案为横向扩展的体系结构。

(3)将计算用于数据，不是数据用于计算。

(4)以“20 个询问”开始设计。

(5)工作至工作。

1. 科学计算日益变得数据密集型

科学数据的爆炸式增长对前沿科学的研究带来了巨大挑战，数据的增长已经超过数十亿字节。因此，对大数据的采集、管理与分析是新的挑战。计算平台的 I/O 性能限制了观测数据集的分析与高性能的数值模拟，当数据集超出系统随机存储器的能力，多层高速缓存的本地化将不再发挥作用，仅有很少的高端平台能提供足够快的 I/O 子系统。

高性能、可扩展的数值计算也对算法提出了挑战，传统的数值分析包只能在适合 RAM 的数据集上运行。为了进行大数据的分析，需要对问题进行分解，通过解决小问题获得大问题解决的还原论方法是一种重要方法。

2. 解决方案为横向扩展的体系结构

对网络存储系统进行扩容并将它们连接到计算节点群中并不能解决问题，因为网络的增长速度不足以应对必要存储逐年倍增的速度。横向扩展的解决方案提倡采用简单的结构单元，在这些结构单元中，数据被本地连接的存储节点所分割，这些较小的结构单元使得 CPU、磁盘和网络之间的平衡性增强。格雷提出了网络砖块的概念，使得每一个磁盘都有自己的 CPU 和网络。尽管这类系统的节点数将远大于传统的纵向扩展体系结构中的节点数，但每一个节点的简易性、低成本和总体性能足以补偿额外的复杂性。

3. 将计算用于数据而不是数据用于计算

大多数数据分析以分级步骤进行。首先对数据子集进行抽取，通过过滤某些属性或抽取数据列的垂直子集完成，然后以某种方式转换成聚合数据。

近年来，MapReduce 已经成为分布式数据分析和计算的普遍范式，其原理类似于分布式分组和聚合的能力。根据这一原理构造的 Hadoop 开源软件已成为目前大数据处理的最好的工具，Hadoop 技术成为推动大数据安全计划的引擎。企业使用 Hadoop 技术收集、共享和分析来自网络的大量结构化、半结构化和非结构化数据。

Hadoop 是一个开源框架，它实现了 MapReduce 算法，用以查询在互联网上的分布数据。在 MapReduce 算法中，Map(映射)的功能是将查询操作和数据集分解成组件，Reduce 的功能是在查询中映射的组件可以被同时处理(即约简)，从而可以快速地返回结果。

Hadoop 具有方便、健壮、可扩展、简单等一系列特性。Hadoop 处理数据是以数据为中心，而不是传统的以程序为中心。在处理数据密集型任务时，由于数据规模太大，数据搬移变得十分困难，Hadoop 强调把程序向数据迁移。也就是说，以计算为中心转变为以数据为中心。

4. 以“20 个询问”开始设计

1)20 个询问规则

20 个询问规则是一个设计步骤的别称，这一步骤是专门领域科学家与数据库设计者可以对话，填补科学领域使用的动词与名次之间，以及数据库中存储的实体与关系之间的语义鸿沟。这些询问定义了专门领域科学家期望对数据库提出的有关实体与关系方面的精确问题集。这种重复实践的结果是：专门领域科学家和数据库之间可以使用共同语言。

在“20 个询问”开始设计启发式规则中，是指在完成科研项目时，研究人员要求数据系统回答的 20 个最重要问题，5 个问题不足以识别广泛的模式，100 个问题导致重点不突出。由于与人类选择有关的大多数决定都遵循长尾理论，询问中的相关信息根据重要性排序显然是呈对数分布。

这种方法非常成功地使设计过程聚焦于系统必须支持的最重要特征，同时帮助专门领域科学家理解数据库系统中的折中，从而限制系统的蠕动。

2)长尾理论

长尾理论是互联网兴起的一种新理论。过去人们只能关注重要的人或重要的事，如果用正态分布曲线来描绘，就是指只能关注曲线的头部，而忽略了曲线尾部。例如，在销售产品时，厂商关注的是少数几个 VIP 客户，并不关注大多数的普通消费者。而在网络时代，由于关注的成本大大降低，可以用很低的成本关注正态分布曲线的尾部，关注尾部产生的总体效益甚至会超过头部。

例如，书店摆放 10 万本书，但书店的图书销售额中，有 1/4 来自排名 10 万以外的书籍。这些书籍的销售比例正以高速成长，预估未来可占整个书市的一半。这表明消费者在面对无限的选择时，想要的东西和想要取得的渠道都出现了重大的变化，一套崭新的商业模式也随之崛起。表明长尾所涉及的冷门产品涵盖了几乎更多人的需求，当有了需求后，将有更多的人意识到这种需求。

长尾理论是对传统的二八定律的彻底叛逆。人类一直在用二八定律来界定主流，计算投入和产出的效率，它贯穿了整个生活和商业社会。这是 1897 年意大利经济学家帕累托归纳出的一个统计结论，即 20%的人口享有 80%的财富。当然，这并不是一个准确的比例数字，但表现了一种不平衡关系，即少数主流的人(或事物)可以造成主要的、重大的影响。以至于在市场营销中，为了提高效率，厂商们习惯于把精力放在那些有 80%客户去购买的 20%的主流商品上，着力维护购买其 20%商品的 80%的主流客户。在上述理论中被忽略不计的 80%就是长尾。

传统的市场曲线符合 80/20 定律，人们都争夺带来 80% 利润的畅销品市场，但是所谓的热门商品正越来越名不副实，简言之，尽管我们仍然对大热门着迷，但它们的经济力量已经今非昔比。那些反复无常的消费者们已经转向了四面八方，因为市场已经分化成了无数不同的领域。互联网的出现改变了这种局面，使得 99%的商品都有机会进行销售，市场曲线中那条长长的尾部成为我们可以寄予厚望的新的利润增长点。

5. 工作至工作

工作至工作是指由于工作版本至工作版本的升级，这是另一个设计法则。无论数据驱动的计算体系结构变化多么迅速，尤其是当涉及分布数据的时候，新的分布计算模式每年都出现新的变化，使其很难停留在多年的自上而下的设计和实施周期中。当项目完成之时，最初的假设已经变得过时，如果要建立只有每个组件都发挥作用的情况下，才开始运行的系统，那么我们将永远无法完成这个系统。在这样的背景下，唯一方法就是构建模块化系统。随着潜在技术的发展，这些模块化系统的组件可以被代替，现在以服务为导向的体系结构是模块化系统的优秀范例。

5.4.3 科学研究第四范式的核心内容

科学研究的范式不等同于科学知识的各种范式。科学研究的范式是科学家需要改变用于科学研究的范式，而不是科学知识的各种范式。相比库恩科学动力学理论，网络可以帮助我们更好地理解海量数据策略。

1. 科学研究范式的演化过程

在漫长的科学研究范式进化过程中，最初只有实验科学范式， 主要描述自然现象，以观察和实验为依据的研究，又称之为经验范式。后来出现了理论范式，是以建模和归纳为基础的理论学科和分析范式，科学理论是对某种经验现象或事实的科学解说和系统解释，是由一系列特定的概念、原理(命题)以及对这些概念、原理(命题)的严密论证组成的知识体系。开普勒定律、牛顿运动定律、麦克斯韦方程式等正是利用了模型和归纳而诞生的。但是，对于许多问题，用这些理论模型分析解决过于复杂，只好走上了计算模拟的道路，提出了第三范式。第三范式是以模拟复杂现象为基础的计算科学范式，又可称为模拟范式。模拟方法已经引领我们走过了上个世纪后半期的全部时间。现在，数据爆炸又将理论、实验和计算仿真统一起来，出现了新的密集型数据的生态环境。模拟方法正在生成大量数据，同时实验科学也出现了巨大数据增长。研究者已经不用望远镜来观看，取而代之的是通过把数据传递到数据中心的大规模复杂仪器上来观看，开始研究计算机上存储的信息。

毋庸置疑，科学的世界发生了变化，新的研究模式是通过仪器收集数据或通过模拟方法产生数据，然后利用计算机软件进行处理，再将形成的信息和知识存于计算机中。科学家通过数据管理和统计方法分析数据和文档，只是在这个工作流中靠后的步骤才开始审视数据。可以看出，这种密集型科学研究范式与前三种范式截然不同，所以将数据密集型范式从其他研究范式中区分出来，作为一个新的、科学探索的第四种范式，其意义与价值重大。

2. 数据密集型科学的基本活动

数据密集型科学由数据的采集、管理和分析三个基本活动组成。数据的来源构成了密集型科学数据的生态环境，主要有大型国际实验，跨实验室、单一实验室或个人观察实验，个人生活，等等。各种实验涉及多学科的大规模数据，例如澳大利亚的平方公里阵列射电望远镜、欧洲粒子中心的大型强子对撞机、天文学领域的泛STARRS 天体望远镜阵列等每天能产生几个千万亿字节(PB)的数据。特别是它们的高数据通量，对常规的数据采集、管理与分析工具形成巨大的挑战。为此，需要创建一系列通用工具支持从数据采集、验证到管理、分期和长期保存等整个流程。

3. 学科的发展

关于学科的发展，格雷认为所有学科 X 都分有两个进化分支，一个分支是模拟的 X 学，另一个分支是 X 信息学。如生态学可以分为计算生态学和生态信息学，前者与模拟生态的研究有关，后者与收集和分析生态信息有关。在 X 信息学中，把由实验和设备产生的、档案产生的、文献中产生的、模拟产生的事实以编码和表达知识的方式都存在一个空间中，用户通过计算机向这个空间提出问题，并由系统给出答案。为了完成这一过程，需要解决的一般问题有：数据获取、管理 PB 级大容量的数据、公共模式、数据组织、数据重组、数据分享、查找和可视化工具、建立和实施模型、数据和文献集成、记录实验、数据管理和长期保存。可以看出，科学家需要更好的工具来实现大数据的捕获、分类管理、分析和可视化。

5.5 现代农业科研创新方式

1981年中国建立了第一个计算机农业应用研究机构——中国农业科学院计算中心，引进了 FELIXC-512 系统进行农业科学技术和统计分析，计算机在中国农业科研领域的首次投入应用。经历了 30 年左右的发展，农业科研信息化已经取得了很大进步。2010 年，中国农业科学院启动了院所信息化建设项目，旨在加强农业科技电子政务建设、信息服务体系建设，推进跨部门农业科研信息共享和业务协同。2012 年，中国农业科学院成立院信息化工作领导小组，旨在处理好项目之间的关系，加强项目之间的衔接，提高资金使用效率。2014 年，启动了中国农业科学院院网络升级项目。

伴随着科研信息化基础设施的建设，农业科研数据的数字化获取、存储、处理等越来越频繁，数据量越来越大。大数据支撑下，农业科研模式也发生了新的变化。

5.5.1 农业科研信息化

人类社会在经历了漫长的数千年农业社会以及数百余年的工业社会进程之后，开始迈入信息化社会。信息化在世界范围内得到迅猛发展，信息技术、理论与方法广泛应用，对社会生活、经济发展、科学研究、文化教育等领域都产生了深刻的影响，表现在各个领域呈现出不同以往的行为模式创新。在人类社会开始迈入信息化社会的同时，人类的科技活动也进入了前所未有的大发展时期，信息化的科学研究(e-Science)，即“科研信息化”就是这一社会发展使然。科研信息化是科学研究在信息时代出现的新模式，正在引发科学研究与工程技术的革命，改变和拓展了传统研究方法，催生了新的学科领域产生，提升了人类科技创新能力达到前所未有的水平，所产生的影响将超过人类史上的任何发明，对当代科学的各个方面产生了极大的影响。

1)科研信息化

早在 2000 年，英国国家研究总局主任约翰·泰勒(John Taylor)在全球首次正式提出 e-Science 计划。e-Science 项目一经提出便受到各国学术界的广泛推崇，以至于 e-Science 已经成为众多国家科学研究信息化的代名词。

e-Science 主要强调全球范围内基于 Internet 的分布式大规模合作研究，以及能够支持这种合作研究的下一代基础体系架构，依托此基础设施构建适合科学研究的应用平台。基于网格技术的科研环境建设是 e-Science 发展的主要模式，网格技术主要是利用互联网把分散在不同地理位置上的计算、存储、通信、软件、信息等多个资源进行全面连通和统一分配、管理及协调。如美国 NSF 投巨资建设了 Tera Grid 环境，以 40Gbit/s 的带宽连接了美国圣地亚哥超级计算中心(SDSC)、国家超级计算应用中心(NCSA)、加州理工学院(Caltech)和阿贡实验室(ANL)这 4 个拥有大量计算资源和数据资源的节点。欧盟系统，由欧洲核子中心 CERN 牵头建立的世界上最大的国际网格系统 EGEE(The Enabling Grids for E-science)，由法国国家科研中心 CNRS 牵头建设一个分布式的万亿次规模的超级计算机系统 DEISA(Distributed European Infrastructure for Supercomputing Applications)等。中国教育科研网格(ChinaGrid)，至今已整合了全国十三个省市、二十所重要高校的大量网格资源，聚合计算能力超过每秒 16 万亿次，存储容量超过 170TB，成为世界上最大的超级网格之一。

以网格为代表的科研信息化(e-Science)，重点关注大型仪器设备、高性能计算资源的互联、互通与共享，代表了科研信息化的一个重要方面。然而，科研信息化不仅仅是科研仪器设备的共享，科研协同、科研过程信息支持等都是科研信息化的重要组成部分。相比较而言，e-Research 侧重于信息技术对研究过程与研究活动的支持，以及信息技术为科学研究所提供的新的可能性及方法，是对 e-Science 的重要补充。

可以将科研信息化概括为 e-Science + e-Research，指采用最新的信息技术建立的新一代的电子基础设施，并在此基础上提供信息化的科学研究环境，扩展科学研究方法、手段及应用等。其主要包括 3 个层次的含义：①跨地区的科研人员能够通过宽带网络共享研究仪器和工具，共享高性能计算资源，实现各种资源协同利用；②研究人员借助信息化科研软件和基础设施服务，建立起相互依赖和互信的协同研究关系，进而协同地开展数据挖掘、模拟、分析与整合；③利用领域特定的研究工具，如可视化工具、仿真软件和交互工具等，研究人员能够开展更具建设性的研究实践活动。

2) 农业科研信息化

农业科研信息化是实例化的科研信息化，是科研信息化的重要组成部分。就农业科研本身来讲，农业科研信息化不是取代传统的农业科研方法，而是通过一系列信息化技术、平台和服务来促进和改善科研环境和过程，创新农业科研的思路和模式。一般认为，农业科研信息化是在农业科学研究和管理的各个环节上，广泛应用现代信息技术，实现农业科学研究环境和科学研究活动的高度信息化，农业科学研究的领域与方法得到促进、支持、扩展和延伸，大幅度提高研究工作和管理工作的能力，促进农业各学科建设和发展，加快出成果、出人才和成果转化的速度，最终全面提高农业科研的水平和效率的整个过程。

根据农业科研涉及的内容，可以将农业科研信息化分为三个方面，即农业科研活动信息化、农业科研管理信息化和农业科研服务信息化。

(1) 农业科研活动信息化。农业科研活动是指农业科研人员针对农业领域的实际问题，而进行的一系列现状调研、数据收集、数据分析的过程。农业科研活动信息化主要是指信息化的工具、应用、系统等在农业科研过程中不断使用、渗透的过程，使得农业科研方法、模式等发生巨大变化，农业科研效率大幅度提高。比如：采用高性能的数据处理技术，提高农业科研数据的分析能力和水平；利用遥感以及传感器技术，实现农业研究对象数据的动态、实时采集；构建虚拟科研协作平台，实现远程、异地的农业科研协作等。

(2) 农业科研管理信息化。开展农业科学研究，需要人员、经费、项目、仪器设备等资源要素支持。现代农业科学研究日益复杂，围绕农业科研的项目申报、项目验收、成果鉴定等工作占据了科研人员大量的宝贵时间，亟需采用信息化手段提高科研资源管理效率。农业科研管理信息化旨在综合运用创新的管理理念和先进的信息技术，对农业科研相关的人力、资金、项目、成果、科研基础条件等资源及管理流程进行整合与优化，构建有效的资源管理信息系统和决策支持系统，优化农业科研资源配置，实现决策依据科学化、资源配置最优化、管理工作协同化、工作流程规范化、信息资源共享化，提高农业科研管理的科学性、预见性，从而为整个农业研究系统提供高效的支撑。

(3) 农业科研服务信息化。农业科研服务是指面向农业科研活动而提供的一系列情报服务、资源服务、咨询服务、知识服务等的统称。农业科研服务信息化是信息化技术和手段在农业科研服务中具体应用，包括建立集数据处理、成果汇交共享于一体的农业科研情报分析平台，有效支撑农业科研的方向性、战略性、全局性的宏观决策、规划与管理；建立数字化的农业科技文献资源服务与保障平台，满足农业科研人员不断增长的科技文献服务需求；建设开放的、多层级的综合农业科研创新知识服务平台，提升农业科研知识管理和信息服务水平。

农业科研信息化平台的体系结构包括门户层、应用系统层、基础设施层三部分，如图 5-1 所示。

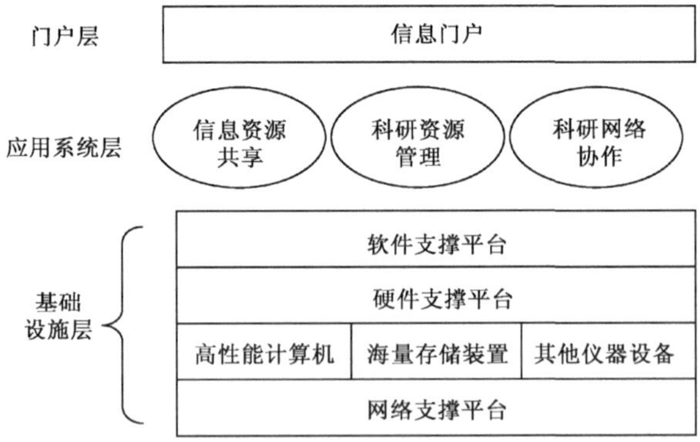

图 5-1　农业科研信息化体系架构

门户层是直接面向用户的信息门户，直接面向用户提供统一的、界面友好的用户访问接口。

应用系统层包括农业科研资源管理、信息资源共享服务和农业科研活动网络协作系统，其中农业科研资源管理包括科研项目管理、科研条件管理、人力资源管理、综合财务管理、教育资源管理、基本建设管理等系统；信息资源共享服务系统包括农业科技文献资源共享服务保障子系统、基础知识资源库子系统、网站群管理发布子系统和资源全文检索子系统等；科研网络协作系统包括科研仪器设备信息共享与服务子系统和科研网络协作子系统等。

基础设施层包括面向农业科学计算的高性能计算机和通用的高性能服务器等计算资源，还包括针对农业科研活动所产生的海量结构化和非结构化的数据存储资源。同时，网络为农业科研数据的传输提供了基本的通道。

5.5.2 科学大数据

香山科学会议第507次学术讨论会(2014年10月)以“科学大数据的前沿问题”为主题，重点围绕面向科学大数据的研究基础设施、大数据时代科技创新的新模式、科学数据共享新机制和新趋势、科学大数据的学科发展与人才培养等四大中心议题进行了深入讨论，标志着科学大数据的研究在我国进入了一个新的阶段。

科学大数据来源于科研活动过程，在数据采集过程的设计是围绕某个特定的科学问题或目标展开的，每一种模态的数据、每一个来源的数据都是具有明确的科学意义，因此科学大数据尽管密度高但价值并不同于一般大数据所体现的低价值特征，而是高密度高价值的大数据，科学大数据是具有内在独特特征的大数据。正因如此，科学大数据在服务科技创新活动中面临诸多数据采集、存储、分析、计算、共享、应用等不同价值链上的理论、方法问题的挑战。特别是数据量和复杂度的提高带来了科学数据探索、分析、理解和呈现的巨大挑战。诸如如何对来自多源、多模态针对一个科学问题的大数据进行质量控制、数据融合，如何对不同来源采集的多尺度、多维度、多时相的科学大数据进行集成，不同来源的实时流式大数据如何与非流式大数据进行实时计算，如何注释科学大数据才能使得科学大数据便于永久存储、能够长期可用并利于共享应用，用什么样的大数据计算模式来支持科学大数据的挖掘分析、可视化表达、可视分析。如何实现数据挖掘需要集成的、经过清洗的、可信的、可高效访问的科学大数据。

郭华东(2014年)认为，科学大数据具有“3H”科学内涵。①高维(High Dimension)：科学大数据反映和表征着复杂的自然和社会科学现象与关系，而这些自然现象或科学过程的外部表征一般具有高度数据相关性和多重数据属性；②高度计算复杂性(High Complexity)：科学大数据应用的场景大多属于非线性复杂系统，具有高度复杂的数据模型，因而科学大数据计算问题不仅仅是一个数据处理与分析的问题，还是一个复杂系统与数据共同建模与计算的问题；③高度不确定性(High Uncertainty)：科学大数据的来源一般包括对自然过程的感知和科学实验数据的获取，这两种数据来源的特点决定了科学大数据普遍具有一定的误差和不完备性，从而导致数据的高度不确定性。

5.5.3 农业科学数据

科学数据是信息时代最基本、最活跃、影响面最宽的战略资源，具有明显的潜在价值和可开发价值，并在应用过程中得以增值。农业科学数据是指人类社会从事农业科技活动所产生的基本数据，以及按照不同需求系统加工的数据产品和相关信息，是一种重要的战略资源，是农业科技创新的重要组成基础，是科学大数据的重要组成部分。我国农业科学基础研究，从种植、养殖的宏观决策，土、肥、水、气的环境控制，到传统的、分子的甚至转基因的品种选育与繁殖，无时不刻不在产生大量的农业科学过程数据，尤其是分子信息学领域的海量数据，数据的挖掘与分析的工作量迅速增加，为科技人员在科学计算方面所采用的模型及数据处理的能力带来前所未有的挑战，也为从基因组学、蛋白质组学研究中发现重大研究进展提供了前所未有的机遇。与此同时，我国还具有丰富的农业科技资源，包括农作物种质资源、畜禽种质资源、微生物菌种资源等，应该利用现代信息技术，及时收集、保存及利用好农业科学数据及科技资源。

2003 年科技部启动农业科学数据共享中心项目建设，旨在应用现代信息技术，将农业领域原来离散的科学数据整合、集成起来，使数据的使用由为数据拥有部门、数据拥有单位甚至个人服务的单一目标，规划成为一个整体而相互协调的系统，实现农业科学数据资源的开放与共享使用。农业科学数据共享平台是一个基于网络的实体，通过数据中心，实现农业科学数据的整合集成、保存保护和社会共享服务，具备以下功能，①数据积累和保存功能；②数据共享和服务功能；③门户功能。农业科学数据共享体系的结构要素有四个，数据资源系统建设、共享网络系统建设、共享标准规范建设和组织机构体系建设。其中，数据资源系统建设涵盖农业种植、养殖、水产、生物技术、生物安全、食品安全、资源环境、质量标准、农业区划、微生物科学等 12 个大类农业科学基础数据，建有 72 个主体数据库群，672 个数据库，总容量 1987TB 数据量，每天 50 万～60 万浏览量。

随着我国作物育种研究的快速发展，我国的种质资源数据库积累了数以亿计的种植资源数据。遗传育种学的兴起，使得重要作物和动物的基因序列得到了精确测度，形成了庞大的基因组库数据。3S、物联网等现代信息技术的发展，获得了大规模农业生产环境、生产过程、宏观管理等多种类大规模数据。基因图谱、大规模测序、农业基因组数据、大分子与药物设计等大量的生物实验涌现，产生了大量的生物实验数据。现代信息技术的飞速发展，农业科学数据向类型多样、结构复杂、数据海量的科学大数据迈进，农业科学研究越来越符合科研第四范式的特征，以分析计算为主的农业科研模式逐渐成为主流。在当代农业科学研究中，科学数据量剧增，科学家获得科学发现的可能性越来越多地取决于获取、处理足够数据的能力。

农业科学数据研究与应用的重点从以下方面着手。

1) 农业科学数据高效采集

农业属于传统学科，现代信息技术在农业、农业科研中的应用相对落后。传统科研数据记录方式仍然是农业科研数据获取的重要手段。数据采集方式落后、单一，数据记录类型简单(多为文本、数值等静态数据)，数据的时效性差、利用率不高等问题突出，迫切需要对田间、畜舍的视频数据、环境参数、生长发育的行为数据，以及大量的实验室数据等开展在线、实时、可感知化的获取，并实现海量存储和高速传输。

2) 农业科学数据集成融合

一直以来，我国非常重视农业科学数据基础建设问题，支持建设与维护了多个有不同规模的国家级科学数据及资源数据中心。典型的有国家农业科学数据中心、国家农作物种质资源及数据中心、国家动物遗传资源及数据中心、国家微生物菌种资源及数据中心、中国饲料数据库情报网中心等。同时，根据项目或课题研究需要建设了一大批类型各异、专业不同的小型数据库。无论上述是国家的数据库或数据中心，还是某些领域的小型数据库，目前它们的运行与维护基本是独立的，在物理上呈孤岛态势，更有大量信息还散落在科研人员手中。迫切需要利用大数据契机，推动农业科学数据的一体化有机融合，更好地为国家的农业科技创新服务。

3) 农业科学数据智能分析

农业科研过程中产生的大量数据，由于大数据结构化、半结构化与非结构化特征，需要建立批处理与流式计算方式，形成查询分析计算、共享服务计算、复杂数据挖掘与数据分析的计算方式，为数据整合、集成等提供计算模式支持。开展可视化分析与自动数据计算挖掘结合研究来建立起可视化分析的新方法、新算法，研究农业科学大数据新的计算、挖掘、可视分析与再现的理论和方法，提高对农业科学大数据的计算处理和挖掘分析能力，提升数据的开发利用价值。

5.5.4 大数据环境下的农业科研模式创新

1) 数据协同的农业科研创新

科研协同是农业科研的基本模式，数据协同是科研协同的重要模式，如图 5-2

所示。当前，农业科学研究正在从微观和宏观两个方向上前进，农业科学研究的对象也大大超越了简单的孤立系统，而向着大范围、多领域的复杂系统工程进军。在这种背景下，农业科学研究的学科形态、组织结构、科研数据网络协同需求异常强烈。借助于互联网、移动网、物联网、传感网，海量农业科学数据、农业科研知识服务数字、农业科研野外观测数据等，形成了支撑农业科研人员大范围交流协作的数据协同工作环境，基于多源农业科学数据协同服务为农业科研创新提供了基础平台。

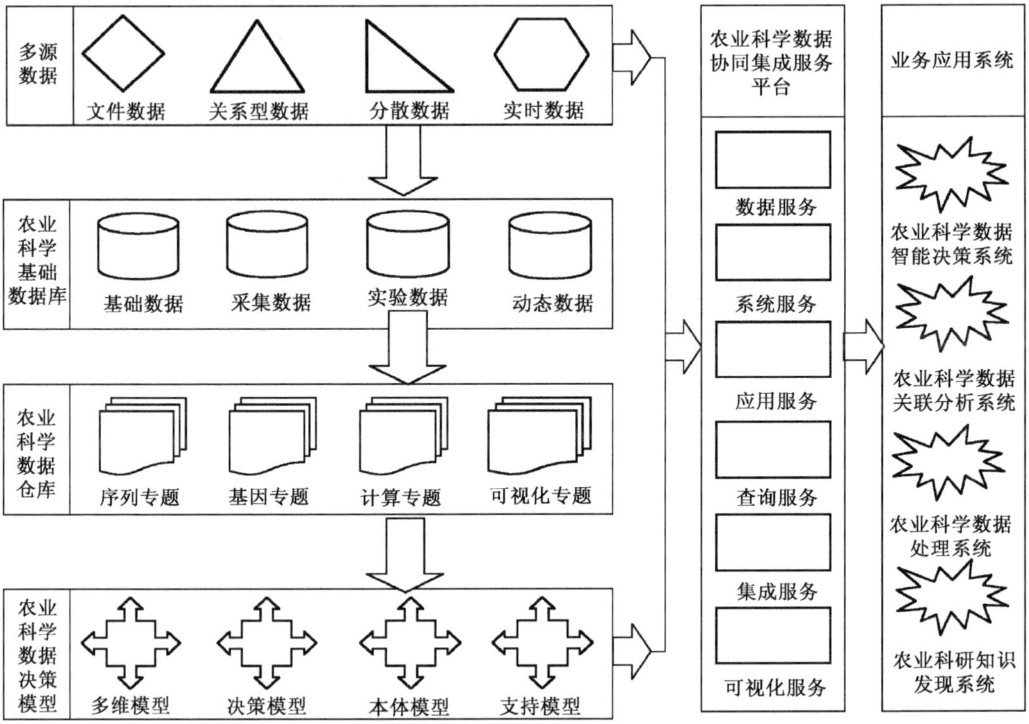

图 5-2　农业科学数据协同平台

2）知识发现的农业科研创新

科学研究是知识积累、知识汇聚、知识创新、知识发现的过程（图 5-3），科研成果的多少取决于知识积累的程度。传统的农业科研主要依赖于图书馆，提供资料检索、查询等服务，满足科研活动对知识的需求。随着科技的不断发展，科研创新需要的知识储备越来越多，任何一项研究需要多学科的知识交叉与融合，以知识服务、知识发现为基础的科研活动，成为一种趋势。分析处理海量农业科学数据并得到有价值的分析结果，是农业科学数据知识发现的过程，它可以帮助农业科研工作者对数据进行更深层次的分析，更好地对研究及日常决策提供有力的支持。信息化时代，集成、高效和个性化知识服务平台，越来越成为科研过程中不可或缺的组成部分，基于网络环境的、共建共享的、可扩展的知识网络系统，提供超大规模的、分布式的、便于使用的、没有时空限制的、实现跨库无缝连接与智能检索的知识服务，充分利用移动化、智能化、个性化等信息技术，提供数据分析、信息统计、知识挖掘等深层次、高附加值的知识发现服务。知识发现的主要任务有数据总结、分类、聚类、关联规则发现、相似性搜索等，它可以帮助人们对数据进行更深层次的分析，更好地对研究及日常决策提供有力的支持。

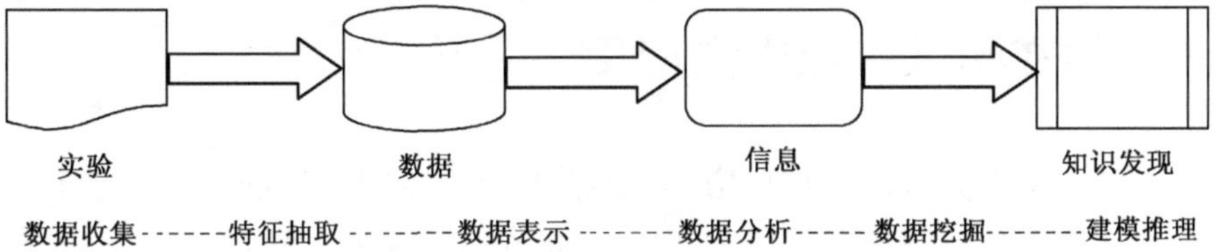

图 5-3　农业科研知识发现

3) 数据驱动的农业科研创新

科学研究的三大基本方法是理论、实验与计算。2007 年图灵奖获得者、微软高级工程师 Jim Gary 提出了“科学第四范式”—“数据密集型科学”，它的核心是以数据为中心，通过数据采集传输、数据保存与管理、数据分析与展示等三个基本活动流程实现数据密集型的科学发现。比如天文学研究不再用肉眼看望远镜，而是把望远镜观察到的现象以数据形式记录到计算机，再对数据进行统计分析处理。同样，现代农业科研是数据驱动的科研，实验数据获取、存储、处理成为农业科研的主要形态，仿真和大规模的计算成为科学研究过程中分析、发现和预测的主要手段，数据处理能力越来越重要。特别是，人类基因组计划之后，大量生物序列数据产生，生物学研究人员将这些序列数据存储在相应的生物序列数据库，直接导致生物序列数据库的资源数量迅猛增加。

第 6 章　大数据农业应用

基于大数据的理论和技术，不断推进传统领域创新与应用实践，为国家经济社会发展提供了新的生长点。在农业信息化不断发展的过程中，已有部分领域积累了海量数据，具备了利用大数据理论与技术进行深入数据分析和价值发现的条件。

6.1　大数据在精准农业中的应用

精准农业是农业信息化的重要方向，精确农业的研究与发展将有助于我国人口、资源与环境方面重大问题的解决，有助于农业资源的高效利用和农业环境保护。快速、有效采集和描述影响作物生长环境的空间变量信息，是精准农业的重要基础。随着现代信息技术的发展，农田变量数据采集具有高密度、高速度、高准确度的特点，农田信息数据量大、时效强、关联度高。

6.1.1　精准农业概述

精准农业(Precision Agriculture, Precision Farming)最早是在 80 年代初期由发达国家提起，主要有三个方面的因素。一是发达国家从事作物栽培、土壤肥力、作物病虫草害防治的农学家，在进行作物生长模拟模型、栽培管理、测土配方施肥与植保专家系统应用研究与实践中，认识到了农田内小区作物产量和生长环境条件之间存在明显时空差异性，从而提出对作物栽培管理实施定位、按需变量投入的农业发展思路。二是各发达国家在农业生产经营过程中，面临着劳动率低下、农产品品质下降、水资源及能源紧缺、农业资源环境压力大等问题，迫切需要提高农业资源投入利用率、提高农业利润、提高农产品市场竞争力和减少环境污染等。三是自 70 年代中期微电子技术迅速实用化而推动的农业机械装备的机电一体化、智能化监控技术，农田信息智能化采集与处理技术研究的发展，为精准农业发展提供了技术保障。加之海湾战争后，卫星定位系统(GPS)技术的民用化，进一步推动了精准农业的快速发展。

我国从十五计划开始开展精准作业技术与装备的研究，在农机作业导航控制技术、激光控制平地技术、智能收获作业技术、变量施肥、施药及灌溉技术、农作物生长模拟及调控、智能农业装备等领域开展了深入研究，突破了适合我国应用推广的关键技术，大大提高了农作业精细化、自动化水平，在增加农产品产量、改善农产品品质的同时，大大降低了生产过程中的资料投入、生产成本，节约农业资源、保护生态环境。

精准农作技术研究发展的驱动力来自于在作物生长环境和收获产量实际分布的空间差异，这种差异又具体表现在三个方面。①田间条件和收获量的空间差异；②年际间产量的时间差异；③预测和实际产量间的差异。精准农业通过定位采集地块信息，根据土壤、水肥、光照等在时间与空间上的差异，结合农艺需要，进行精准定位、定时、定量的耕种、施肥、浇水、施药的一整套现代化农事操作技术或管理体系。由全球定位系统、农田信息采集系统、农田遥感监测系统、农田地理信息系统、农业专家系统、智能农业装备等组成。精准农业的核心思想，是获取农田小区作物产量和影响作物生长的环境因素实际存在的空间和时间差异性信息，分析影响小区产量差异的原因，采取技术上可行、经济上有效的调控措施，区别对待，按需实施定位调控。其主要目标是更好地利用耕地资源潜力，科学利用投入，提高产量，降低生产成本，减少农业活动带来的环境后果，实现作物生产系统的可持续发展。

ICT 技术在精准农业发展中起着至关重要的作用。如：田区空间变量信息的快速实时采集，需要现代传感技术与信号处理技术；农田信息采集与处方农作的空间定位，需依靠卫星定位系统(GPS)；地理空间信息管理和分析，需要应用地理信息系统(GIS)；海量地理空间数据更新，需要遥感技术(RS)支持；制定科学的农作处方需要计算机作物管理辅助决策支持系统的支持；按小区实施自动处方农作、调控目标投入需要变量处方农业机械；作物产量计量与小区产量图的生成，需要智能型收获机械。

1)全球定位系统 GPS

全球定位系统是一种高精度、全天候、全球性的无线电导航、定位、定时系统，它可提供连续、定时、高精度的三维定位和原子时钟信息。全球定位系统由地球导航卫星、地面监控系统和用户 GPS 接收机等 3 个主要部分组成。美国的 GPS 系统，包括在离地球约 20000km 高空近似原形轨道上运行的 24 颗地球导航卫星。空间卫星的布局保证在地球表面任何地方，任何时间、任何气象条件下，接收机均可至少获得其中 4 颗以上卫星发出的定位定时信号。理论上只要用户能接收到 4 颗卫星信号，即可解算出用户所在的 3 维位置信息。GPS 具有全天候、全球覆盖、三维定速定时高精度等特点。

当前全球有四大卫星定位系统，分别是美国的全球卫星导航定位系统 GPS、俄罗斯的格罗纳斯 GLONASS 系统、欧洲在建的“伽利略”系统、中国的北斗系统。北斗星导航系统在精细农业中的作用主要有着几个方面：用于田间地块土壤信息采样点位置坐标的获取即精确定位，用于农业机械在田间作业时的自动导航定位、测量地形起伏状况和用于田间工作管理。

2) 遥感技术 RS

遥感技术主要利用卫星等信息技术对土壤资料、水分、养分、病虫害、产量等农田信息的采集，具有宏观、快速、动态等特点。遥感技术分为远程遥感技术和近地遥感技术两种。其中，远程遥感技术依赖于部署在空间平台或卫星上的光学、辐射传感器等获取图像数据，其主要优势在于能够获取到大范围地域的图像资料。近地遥感技术主要被安装在机械上或手持设备，并且需要连接到 GNSS 的接收端，其主要优势在于能够在地面灵活移动、获取到高密度的图像数据。目前，遥感技术的采集精度根据作业的不同而不同，施肥控制在米级上，喷洒农药与除草剂要求厘米级的精度。

3) 地理信息系统 GIS

地理信息系统用于描述农田属性的空间差异和建立土壤数据、自然条件、作物苗情等空间信息数据库，基于计算机软、硬件等，按地理坐标或空间位置，对有关空间数据进行预处理、输入、存储、查询、检索、运算、分析、显示、更新。地理信息系统它主要应用于离线的处方控制方式，具有采集、管理、分析和输出多种空间信息的能力；具有空间分析、多要素信息分析和预测预报的能力，可为宏观决策管理服务；能实现快速、准确的空间分析和动态监测研究。

4) 决策支持系统 DDS

决策支持系统是根据农业生产者在生产过程中获得的知识和经验积累，针对小区内农作物生长环境和生长条件时间和空间上存在的差异，建立的作物栽培与经济分析模型、空间分析与时间序列模型、统计趋势分析与预测模型和技术经济分析模型，进行时、空、量、质全方位的田间管理实施处方，最终生成具有针对性的、最优的投入决策及对策图，以在线或离线形式存入数据库中，供智能装备实施。

5) 农业智能装备系统

农业智能装备系统是指综合运用机械电子、光学物理、传感控制、信息通讯等现代高新技术，辅助人高效、简便、安全、可靠地完成农业特定目标任务的硬件或基于硬件的系统总称。农业智能装备系统在精确定位的基础上，根据田间处方图生成的智能控制软件，针对农田小区存在的差异自动执行分布式投入决策，如耕作、播种、灌水、施肥、防治病虫害、除草、收获等。罗锡文等开发了基于 CAN 总线的分布式插秧机导航控制系统，能够自主完成路基跟踪、转向、变速以及插秧等操作。当前，GNSS 控制平地技术装备是精准平地技术发展方向，随着我国北斗卫星导航系统的建设与发展，迫切需要立足北斗卫星导航系统突破 GNSS 控制智能平地关键技术装备。

6.1.2 精准农业应用现状

尽管采用精准农业的技术类型和区域不同，但是一般来讲，精准农业的研究与应用有三个目标：①使农业生产的投入资源达到最优化，提高作物产量，增加农业生产的效益和可持续发展；②保护环境，减少因农业化学物质的滥用，而造成环境污染的影响；③提高农作环境质量、农业以及相关领域的社会影响。精准农业在农业领域中的应用主要包括精准播种、精准灌溉、精准施肥、精准施药、精准收获等方面。

精准播种不仅要求种子质量(发芽率、整齐度)优良，要求实现定量(籽粒数量)、定位(行距株距)、定向(籽粒姿态)播种，实现播种到田后的种子分布“三维空间”坐标位置精准、均匀一致、深浅一致，为作物创造最佳的生长空间。精准播种既可以节约大量优质种子，又可使作物在田间获得最佳分布，实现对土地潜力(水分、肥料)、营养和太阳能的最佳利用，为作物的生长和发育创造最佳环境。

精准灌溉是按照田间每一操作单元的具体条件，根据农田作物需水特点、适种条件和土壤墒情，实施定位、定时、定量的精准灌溉，最大程度地优化灌溉，以提高田间水分利用率，以获得最高产量和最大经济效益，同时保护生态环境的一种高科技灌溉技术。传统农业的大水漫灌和沟渠渗漏等对灌溉用水的利用率只有40%左右，精准灌溉通过滴灌、微灌、喷灌等新兴灌溉技术，实施定时定量供给水分，可使水的消耗量减少到最低程度。

精准施肥是农艺与农业机械技术的高度紧密结合，不仅体现在对土壤肥力的科学补充和对作物所需营养的精准调配上，而且体现在按作物生育规律的动态营养需求适量供给，强调根据不同地区、土类、作物种类、产量水平，实施精确施肥，因时、因地、因作物科学施肥，最终提高化肥资源利用率，降低成本，提高作物产量。精准施肥能够改变传统农业中，因经验施肥而造成的三多三少(化肥多，有机肥少；N肥多，P、K肥少；三要素肥多，微量元素少)问题。

精准施药技术是取农田小区域内病虫草害存在的空间和时间差异性信息的基础上，采取技术上可行、经济上有效的变量施药方案，准确地在每一个小区上喷洒农药。精准施药的目标不仅是提高产量，而且要通过农药投入的合理分配，减少浪费，最大限度地提高农药的利用率，降低作物产品中有毒物质的残留量，降低成本，提高品质，提高效益。传统施药方式往往忽视一定区域内病虫害灾情的变化，采取无差异化的施药量，导致化学农药在部分作业区内用量不足，而在有些地方施量过度。一般来讲，精准施药技术包括静电喷雾、自动对靶喷雾、GPS定位施药三类。

精准收获是根据地理信息系统或遥感技术掌握作物的生长情况，适时利用精准收获机械做到颗粒归仓，并根据一定标准对作物进行精确分级，它要求实现对作物收获过程的最少损失和最快捷收集，同时又要求对作物秸秆进行科学处理。

6.1.3 大数据支撑下的精准农业

高密度的农田信息获取后，怎样根据这些不同角度的农田信息，推出一整套具有可实施性的精准管理措施，是需要多学科交叉的研究课题。专家系统、作物模拟模型、作物生产决策支持系统传统的生产决策技术取得了一些成果，但效果并不理想。大数据环境下，精准农业的数据获取、数据处理、智能控制装备等都将发生变化。

1. 农田变量数据高密度获取

农田变量信息快速采集主要是对农田中的土壤含水量、肥力、SOM、土壤压实、耕作层深度和作物病、虫、草害及作物苗情分布信息采集，一般分为接触式传感技术和非接触式遥感技术。农田变量信息主要服务于精准农业生产，强调实时性、精准性等，属于局部、微观、持续的农业数据。随着现代科学技术的发展，各种非接触快速测量传感器和智能化传感器不断涌现；土壤容重、土壤坚实度、土壤含水量、土壤 pH 值、土壤肥力(N、P、K 含量)、大气温度、大气湿度等大田环境数据实现了实时、高密度获取。

2. 多源信息融合的智能决策支持系统

变量决策分析是精准农业技术体系中的核心，致力于根据农田小区作物产量和相关因素，分析农田内的空间差异性，实施分布式的处方农作。利用大数据处理分析技术，基于农业生物-环境参数的多源信息表达及融合，多源有效信息的提取和分析模拟，集成作物自身生长发育情况以及作物生长环境中的气候、土壤、生物、栽培措施因子等数据，综合农作物长势定量化描述、表达与评价方法、农作物长势与环境因子关系模型与评价方法、病虫害诊断与预报预警的理论与方法、农田变量作业优化管理的理论与方法、农田变量作业决策模型、管理分区、处方生成的理论与方法、农田精准耕整地、栽播及实施作业技术的协同优化管理理论与方法等，统筹经济、环境和可持续发展的目标，突破专家系统、模拟模型在多结构、高密度数据处理方面的不足，为农业生产决策者提供精准、实时、高效、可靠的辅助决策。

3. 作物生态系统可视化调控

利用大数据可视化技术，研究作物长势与环境因子关系的动力学模型，环境不确定性的生物生长多尺度、多目标优化控制，农作物-环境动态变化效应评价技术体系和方法，作物生态与生长机理模型耦合的理论与方法，实现作物生长过程的智能技术及可视化，例如：作物形态与生长性状自动测量、农林植物形态结构虚拟表达模型和 3 维拓扑模型、作物生长过程图形图像显示模型及根-冠资源获取模型、作物生长过程网络化虚拟化等。

4. 反馈控制的农业智能装备

农业智能装备是各种信息融合、处理、交叉、分析的汇聚点。目前，农业智能装备向大型、高速、复式作业、人机和谐与舒适性方向发展，具备较强的GIS综合功能，能自动完成产量监测并生成产量分布图。利用大数据技术，研究基于环境变量决策的智能装备，实现作业智能导航和自动驾驶，根据需要配置成精准播种、精准变量施肥、变量喷药等作业控制系统。

6.2 大数据技术在农业生产环境监控中的应用

农业生产环境监控是指对与动植物生长密切相关的空气温湿度、土壤温湿度、营养元素、CO_2含量、气压、光照等环境数据进行动态监测、采集，主要依靠农业智能传感器技术、传感网技术等。我国农业生产环境多变，信息要素难以大面积、低成本、快速准确获取；农业生产过程分散，异质、异构、海量、分布式大数据处理技术缺失；农业生产主体复杂，需求千变万化主动捕捉困难，农业生产环境监测难度大。随着多学科交叉技术的综合应用，光纤传感器、MEMS(Micro-electro Mechanical Systems)微机电系统、仿生传感器、电化学传感器等新一代传感器技术以及光谱、多光谱、高光谱、核磁共振等先进检测方法在植物、土壤、环境信息采集方面广泛应用，农业生产环境数据的精度、广度、频度大幅度提高。与此同时，传感器终端的成本逐渐降低，大范围、分布式、多点部署成为现实，数据量呈级数增长。

6.2.1 农业物联网概述

物联网技术是典型的具有交叉学科性质的高新技术，它综合了传感器技术、嵌入式技术、分布式信息处理技术、现代无线网络技术及移动通信技术等，能够通过各类智能化、集成化的微型传感器协作地采集各种被测对象的信息，信息通过无线方式被发送，并以自组多跳网络传送到用户终端。随着信息技术的不断进步，如今的物联网已发展成为对物体具有全面感知能力，对信息具有可靠传递和智能处理能力的连接物体与物体的信息网络。作为重点发展的战略性新兴产业之一，物联网引起了世界各国的广泛关注。

1. 物联网发展

物联网(The Internet of things，IOT)的概念是在1999年提出的。最基本的内涵是把所有物品通过无线射频识别(Radio Frequency Identification，RFID)等信息传感设备与互联网(Internet)连接起来，实现智能化识别和管理。物联网是实现万物互联的一种智能化网络，被认为是继计算机、互联网之后世界信息产业的第三次革命浪潮。传感网、物联网、泛在网的区别见表6-1。

表 6-1　传感网、物联网、泛在网的区别

	定义	终端	基础网络	通信对象	标准化组织
传感网	实现传感器的互联和信息收集	传感器		物对物	ISO/IEC
物联网	将各种信息传感设备如 RFID、红外感应器、GPS、激光扫描器等与互联网结合，实现对所有物品的智能化识别与管理	传感器、RFID、二维码、内置移动通信的各种模块	一个或多个基础网络	物对物、物对人	IEEE、ETSI、EPCGlobal
泛在网	通过网络的泛在互联，实现物与物、物与人、人与人之间按需的信息获取、传递、存储、认知、分析、使用等服务，强调人机自然交互、异构网络融合和智能应用	传感器、RFID、二维码、内置移动通信的各种模块、手机、上网卡等	所有的网络	物对物、物对人、人对人	ITU、3GPP、GSMA、OMA

2009 年美国 IBM 首次提出“智慧地球”这一概念，建议政府投资新一代嵌入和装备感应器的智慧型基础设施。2009 年 6 月，欧盟委员会向欧盟议会、理事会、欧洲经济和社会委员会及地区委员会递交了《欧盟物联网行动计划》(Internet of Things-An action plan for Europe)，提出要让欧洲在基于互联网的智能基础设施发展上领先全球。2009 年 7 月日本 IT 战略本部提出 I-Japan 战略 2015，目标是实现以国民为中心的数字安心、活力社会。在 I-Japan 战略中，强化了物联网在交通、医疗、教育和环境监测等领域的应用。2009 年 10 月，韩国通信委员会通过了《物联网基础设施构建基本规划》，将物联网市场确定为新增长动力。

2009 年 8 月和 12 月，温家宝总理分别在无锡和北京发表重要讲话，重点强调要大力发展传感网技术，努力突破物联网核心技术，建立“感知中国”中心。2010 年《政府工作报告》中，温总理再次指出：将“加快物联网的研发应用”明确纳入重点产业振兴计划，代表着中国传感网、物联网的“感知中国”已成为国家的信息产业发展战略。2010 年 6 月 7 日，在中国科学院第十五次院士大会、中国工程院第十次院士大会上，胡锦涛总书记发表重要讲话，指出“加快发展物联网研发和建设新一代互联网”。2010 年 10 月 18 日，国务院发布《国务院关于加快培育和发展战略性新兴产业的决定》，《决定》明确了信息为七大战略性新兴产业之一，物联网是重要的突破方向之一。

2. 物联网技术体系

现阶段物联网技术与应用尚未建立起一套标准的、开放的、可扩展的物联网体系架构。当前普遍认为把物联网划分为一个由感知层、网络层和应用层组成的三层体系，如图 6-1 所示。

所谓感知层，是指通过各种感知技术，如电子识别技术、传感器技术或无线传感网(WSN)技术，在线获得对象信息，如标识信息，环境信息、产品品质信息，动物的生理状态信息等，从技术上要求全面、准确感知。感知层要解决的重点问题是感知、识别物体，采集信息。

所谓网络层就是网络传输层，则是将感知层获得的信息与数据，利用 Wi-Fi、蓝牙、GPRS 等组建小型局域网进行数据汇聚，之后再通过现代的网络通信技术，如互联网、无线网络、通信网络(3G 网络或 4G)等，按照一定的技术与逻辑要求传输到事先建立的物联网数据中心进行远程存储与管理，从技术上要求可靠、数据安全与完整。网络层是物联网成为普遍服务的基础设施，有待突破的方向是向下与感知层的结合，向上与应用层的结合。

所谓的应用层，将物联网技术与行业专业领域技术相结合，比如环境监测、工业控制、远程诊断、楼宇监控、智能家居、车辆调度、城市管理等。针对采集的数据，按照某领域的业务知识与逻辑，进行数据的加工、挖掘与智能分析，也可以与 Internet 上其他的专业数据库或知识库进行融合，对识别的对象或系统进行智能处理，最终获得可控制的解决方案，服务于系统构建的终极目标。物联网的应用几乎可以包罗万象，目前能够预见到的领域包括工业、农业、水利、环保、气象、城市、交通、金融、市场、安全、物流等。

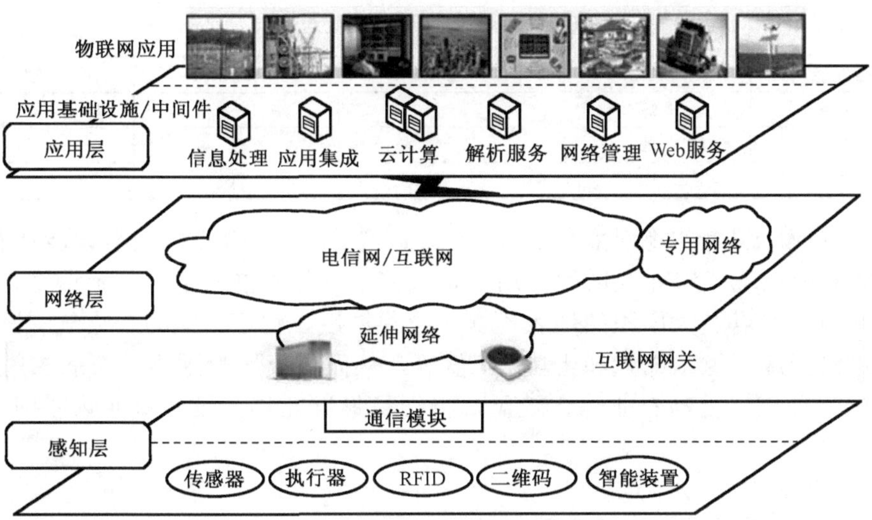

图 6-1　物联网体系架构示意图

3. 农业物联网

农业物联网是物联网技术在农业生产、经营、管理和服务中的具体应用，就是运用各类传感器、RFID、视觉采集终端等感知设备，广泛地采集大田种植、设施园艺、畜禽养殖、水产养殖、农产品物流等领域的现场信息；通过建立数据传输和格式转换方法，充分利用无线传感器网、移动通信网和互联网等多种现代信息传输通道，实现农业信息多尺度的可靠传输；最后将获取的海量农业信息进行融合、处理，并通过智能化操作终端实现农业的自动化生产、最优化控制、智能化管理等。

农业物联网同样由感知层、传输层与应用层组成。

农业传感仪器是物联网中的感知层，是人类了解作物需求的眼睛，感知层是农业物联网获取农业生产信息的关键手段，也是目前农业物联网发展技术瓶颈之一。农业物联网区别于其他物联网在于感知层所感知的对象不同，农业物联网主要面向农业生产、加工、流通领域。植物、土壤、环境信息的感知技术不仅包括空气温湿度、土壤温湿度、营养元素、CO_2含量、气压、光照等智能传感器，也包括利用光谱、多光谱、高光谱、核磁共振等先进检测方法。

农业物联网传输层是各种农业数据传递、传播的媒介，也是农业信息实时动态获取的技术保障。农业物联网信息无线传输不同于工业，农作物生长环境复杂，农业物联网数据传输不仅受气候、土壤等环境因素的影响，而且随着作物生长状况的不断变化，也会出现各种问题。农业物联网通信技术主要包括 Zigbee 技术、Wi-Fi 网络、GPRS、蓝牙技术等传输方式，见表 6-2。

表 6-2　4 种常用网络性能对比

网络性能	Zigbee	GPRS	Wi-Fi	蓝牙
传输距离	短	远	较远	短
功耗	低	一般	低	低
成本	低	高	低	低

物联网应用层是实现对农作物安全生产、加工、流通的监控与智能化管理的手段。物联网在现代农业领域的应用包括如监视农作物灌溉情况、土壤空气变更、畜禽的环境状况以及大面积的地表检测，收集温度、湿度、风力、大气、降雨量、有关土地的湿度、氮浓缩量和土壤 pH 值等，从而进行科学预测，帮助农民抗灾、减灾，科学种植，提高农业综合效益，特别是最近几年，设施农业物联网应用卓有成效。

农业物联网的主要特点有：

1）传感节点布置稀疏、不规则

农业物联网传感节点的布置，既要考虑低成本，又要考虑可靠的传输性能。在实际应用中往往把信息采集设备稀疏地布置在监控区域内，节点与节点间的距离较远。受农田环境影响，传感节点的布置往往也是不规则的。

2）传输距离远、功耗低

农业物联网信息采集节点与节点之间的距离往往会比较远，采集设备一般使用太阳能供电，且无人维护。因此，节点不仅要求传输距离远，还要求功耗小，在有限的太阳能供电情况下实现长期不断电工作。

3) 工作环境恶劣

农业生产环境复杂、恶劣，农业物联网设备要求具有应对恶劣环境的能力，能够在高温、高湿、低温、雨水等复杂多变环境下连续不间断运行。

4) 通信容易受植被影响

农业物联网无线通信容易受到植被的影响。随着作物生长状况的变化，对农业物联网无线传输的电磁波产生遮挡或干扰，对农业无线传输产生一定的影响。

虽然农业物联网发展取得了很大进步，然而还存在一些问题。

1) 关键技术不成熟

农业信息感知设备是农业物联网的神经末梢，是整个农业物联网链条上需求总量最大和最基础的环节。然而，由于种种原因，我国农业传感器设备发展缓慢，高端智能采集设备还主要依赖进口。

2) 产业化程度低

农业物联网技术的应用跨度大、产业分散度高、产业链长和技术集成性高，因此从时间成本到经济成本都难以短时间内大规模启动市场。另外，由于农业物联网尚处于发展初期，投入大、风险高、周期长，缺乏用户需求的持久动力，成果转化与产业化成本高，企业不敢"接盘"，还难以形成规模化的产业发展格局。

3) 标准规范缺失

我国许多的传感器、传感网、RFID 研究中心及产业基地都在积极参与物联网标准的制定，但由于我国业界对物联网本身的认识还不统一，标准制定更多的还只是停留在战略性的粗线条层面。

6.2.2 农业生产环境监控发展现状

物联网技术从它诞生之日起，几乎与其他行业同步应用于农业领域，智能农业甚至被列为物联网示范工程的优先内容，特别是具备设施规模条件的现代农业。基于物联网技术建设农业生产环境自动监测系统，可以对农作物形态、营养、土壤、水分、温度、湿度等农业生产环境数据进行实时采集、自组织传输和智能控制，实现了农业生产环境变化的全方位、全时空、全天候监控，最大限度地调适、优化现代设施农业与各种环境资源和自然变量的关系，显著提高农业集约化生产程度，降低农业生产投入成本。

1. 物联网在大田种植环境监测中的应用

在大田种植业中，农业物联网系统主要实施对田间作物信息、土壤信息、环境信息的不间断监测，以土壤水分信息作为自动灌溉的参数实现大田自动灌溉，将植物与环境信息作为作物病虫害预警预报信息等。由孙忠富研究员主持的“小麦苗情数字化远程监控与诊断管理”项目(图6-2)，利用物联网技术，在我国东北、西北西南、黄淮海、长江中下游四个主要小麦生态类型区，构建针对小麦苗情为重点的监控网络，重点监测气象、土壤、作物生理与图象视频等关键信息，通过移动网络(GPRS/3G)和 Internet 对接，将信息远程传输至中心数据库服务器，实现现场实时监测数据与领域知识融合。

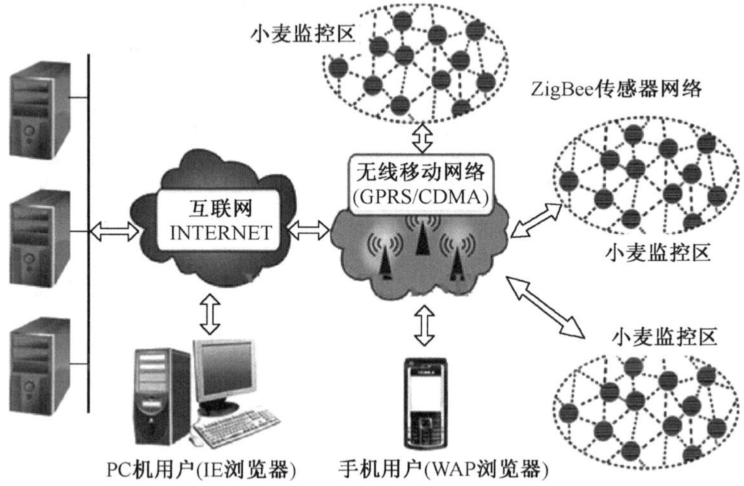

图 6-2　小麦苗情远程监控物联风系统示意图

2. 物联网设施蔬菜环境监测中的应用

以引领设施作物向高产出、高效益、安全优质、低碳环保方向发展为宗旨，综合部署和集成应用信息采集识别技术、实时监测与数据传输技术、智能调控与分析处理技术等，实施设施蔬菜生长过程的优化控制。通过物联网技术实时获取温室内的空气温湿度、光照、土壤温湿度、气体密度等数据以及作物叶绿素、氮素含量等信息，基于无线传输网络汇聚到控制中心，在智能化决策控制系统的帮助下，实现温室内的天窗、遮阳、通风、湿帘、卷膜、卷帘等装置的自动智能控制以及温室内自动肥水管理、智能喷药等，为设施内作物提供最佳的生长环境，实现作物产量和产品品质的明显提升。

3. 物联网设施养殖环境监测中的应用

随着现代养殖业逐步向规模化、集约化方向发展，以物联网为代表的信息技术在养殖环境监控、精细投喂、疾病预防与诊断、养殖过程可跟踪与产品质量可溯源等方面所存在的应用潜力正受到越来越多的关注。应用物联网系统架构、生长环境感知技术、智能监控装备等，形成动物规模精细养殖服务管理体系，如图 6-3 所示。在动物养殖全过程中，实现传感技术、通信技术、数据处理技术的集成化应用，使用物联网技术对畜牧、畜禽养殖舍内的环境实时检测与自动化调控；对饲喂、疫病、繁殖、粪便清理等环节自动化、智能化、精准化监控，对动物产品质量可追溯；大量使用 RFID 与电子标签技术实现对动物群体的个体进行识别与跟踪，在畜牧、畜禽的生活习惯、行为动态监测与福利养殖中发挥了重大作用。

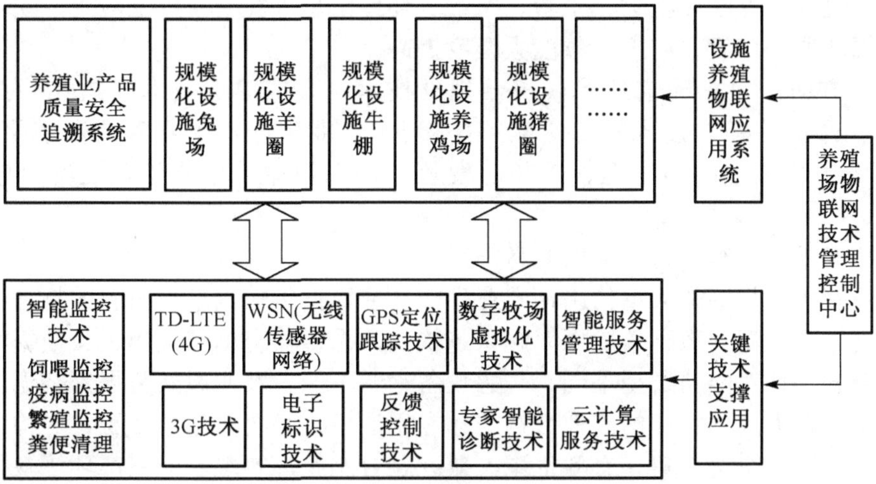

图 6-3　设施养殖农业物联网应用模式设计

6.2.3　大数据支撑下的农业生产环境监控

农业生产环境监测与控制系统属于多变量、大惯性、非线性的复杂大系统，贯穿农业信息获取、数据传输与网络通信、数据融合与智能决策、专家系统、自动化控制等于一体，在大田粮食作物生产、设施农业、畜禽水产养殖等方面广泛应用。随着传感器终端设备在农业生产环境中的大量应用，农业生产环境变量被转化成数字信号进行传输、存储、分析、处理，数据量逐渐增大、数据结构日益复杂，具有大数据特征。

大数据环境下，全面感知、可靠传输和智能处理等物联网技术创新了农业生产环境监控模式，各种农业资源利用效率大幅度提高，农业能耗和成本最大限度地降低，农业生态环境破坏最大限度地减少，提高了农业全链条、全产业、全过程的智能化、泛在化程度，实现农业生产环境的实时监测、自动控制、数字化管理，农业生产管理系统达到了整体最优化。

1)全面感知的农业生产环境数据获取

智能传感设备广泛应用，实现农业生产全过程的数字化与可感知，农业信息获取的范围越来越广，从农作物生长过程中的营养数据、生理数据、生态数据、发育数据以及大气、土壤、水分、温度等农作物生产环境数据，到针对畜禽个体、群体的生长发育、环境和健康数据以及动物个体行为、群体行为、动物监控状况数据等。

一方面，农业智能传感器技术、传感网技术以及光谱、多光谱、高光谱、核磁共振等先进检测方法在植物、土壤、空气、环境信息采集方面广泛应用，农业生产环境数据获取的精度、广度、频度大幅度提高。

另一方面，包括光谱技术、机器视觉技术、人工嗅觉技术、热红外技术等在内的生命信息感知技术的广泛应用，实现了农业生产对象本身的数字化描述，动、植物生长过程中的生理、生长、发育、活动规律等生物生理状况可感知、可记录。

2)高效可靠的农业生产环境数据传输

伴随着传感终端的大量使用，农业生产环境数据传输也呈现出新的特征，数据传输精度越来越高、数据传输频率越来越快、数据传输密度越来越大、数据综合程度越来越强。针对网络类型不同、传感设备来源不一、农业原始数据繁杂无序等问题，建立符合大数据特征的高速数据传输专用通道，解决海量、多源、异构的农业生产环境数据的快速采集、有效汇聚、兼并融合难题，实现农业生产环境数据可以进行高可靠的信息交互与传输。设施作物生产管理通过无线网络技术或现场总线技术组成传感网络，温室测控无线传感网采用分层网络结构，单个温室作为无线传感网的一个测量控制区，传感器节点和控制节点进行自组织组网，节点间信息传递采用多跳路由协议，所有传感器节点的数据经由网关到达控制中心；基于无线传感网的动物数字化监测平台，给动物佩戴无线传感器节点，通过无线路由将重要的生物特征信息(例如：体温、脉搏、位置信息等)收集到汇聚节点，再通过网络传送到服务器上；农村信息智能服务综合管理系统，以集成化的农业知识库群为信息资源保障，以有线网络与无线网络相结合，构建信息服务管理中心，实现对前台应用系统的数据支持和集中管理以及信息的发布和内部传递。

3)智慧决策的农业生产环境管理

农业生产环境是一个复杂系统，具有许多不确定性和不精确性，对其信息的实时分析是一个难点。利用大数据、云计算、数据融合与数据挖掘、优化决策等各种智能计算技术，突破多源数据融合、数据高效实时处理等方面的瓶颈，对物联网、传感网、互联网融合感知获取的海量数据进行分析处理，提供集图形、声音、影视为一体的多媒体服务系统，提高智能化决策与控制水平，实现农作物生长过程的动态、可视化分析以及畜禽水产养殖的个性化、集约化、工厂化管理。比如：通过自动化网络监控系统，实时采集温室大棚内各种环境要素参数(例如：空气温湿度、土壤温湿度、CO_2、光照、露点温度等环境参数)，自动开启或者关闭指定设备(例如：灌溉、遮阳、通风、加温制冷等设备)，实现温室大棚内蔬菜生长环境的自动监测和远程传输、数据采集和处理、设施环境的智能调控、蔬菜生长模拟与预测、栽培方案的制订与优化等；通过监测农田现场作物与环境信息、各种灾害信息等，就能更好地判断灌溉施肥适宜时间、及时发布预警信息、采取有效的防灾减灾措施。

6.3 大数据技术在农情遥感监测中的应用

农情遥感监测主要是指利用遥感等信息技术对农业生产情况信息，如作物面积、长势和产量信息、农业灾害信息、农业资源信息等，进行远程监测和综合评价，辅助农业生产决策的过程。随着遥感技术的飞速发展，特别是高时-空分辨率的大覆盖面积多光谱传感器、高空间-高光谱传感器的应用等，农业遥感数据精度逐渐提高、数据量急剧增加、数据格式也越来越复杂、多源数据融合需求非常迫切。农业遥感数据能反映大面积、长时间的农业生产状况，属于宏观、全局层面的农业数据。

6.3.1 遥感及其农业应用概述

遥感作为一门新兴的独立学科，是20世纪60年代发展起来的一门对地观测综合性技术。1960年，由美国学者伊夫林-普鲁特(Evelyn-pruitt)正式提出。自20世纪80年代以来，遥感技术得到了长足的发展，遥感技术的应用也日趋广泛。遥感一词来源于英语“Remote Sensing”，其直译为“遥远的感知”。广义上讲，泛指一切无接触的远距离探测，包括对电磁场、力场、机械波(声波、地震波)等的探测。狭义上讲，是指应用探测仪器，不与探测目标相接触，从远处把目标的电磁波特性记录下来，通过数据处理分析，揭示出物体的特征性质及其变化的综合性探测技术。

地球上的物体在不停地发射、反射和吸收电磁波，并且不同物体的电磁波特征是不同的，不同地物在同一波段反射率不同，同一地物在不同波段反射率也不同，由此导致其波谱特征不同，根据地物波谱曲线就可以区分和识别地表物体，遥感技术就是在这个原理的基础上发展起来的。遥感技术是一种空间信息获取技术，包括信息获取、信息处理、信息存储、信息通信、信息表达、信息应用等。当前，遥感技术是人类认识地球表层空间及环境的重要技术手段。

遥感作为一门对地观测综合性技术，它的出现和发展既是人们认识和探索自然界的客观需要，更有其他技术手段与之无法比拟的特点。遥感技术的特点归结起来主要有以下三个方面：

(1)大范围快速数据获取。遥感探测能在较短的时间内，从空中乃至宇宙空间对大范围地区进行对地观测，并从中获取有价值的遥感数据。这种先进的技术手段与传统的手工作业相比是不可替代的，尤其在高效、客观、准确方面，是具有得天独厚的优势。

(2)地面事物变化动态反映。遥感探测能周期性、重复地对同一地区进行对地观测，有助于人们通过所获取的遥感数据，发现并动态地跟踪地球上许多事物的变化。

(3)获取数据综合程度高。遥感探测所获取的是同一时段、覆盖大范围地区的遥感数据，这些数据综合地展现了地球上许多自然与人文现象，宏观地反映了地球上各种事物的形态与分布，真实地体现了地质、地貌、土壤、植被、水文、人工构筑物等地物的特征，全面地揭示了地理事物之间的关联性。

1957 年，苏联第一颗人造地球卫星发射成功。航空技术的发展促进了人类对地表进行区域观测与研究。20 世纪末，美国宇航局(NASA)提出建立地球观测系统(Earth Observing Satellites，EOS)，对地观测技术明显表现出向综合化、系统化方向发展的趋势。对地观测卫星是美国新一代地球观测系统计划的组成部分，装载有 5 个传感器，分别是先进的星载热发射和反射辐射计(ASTER)、云和地球辐射能量测量系统(CERES)、多角度成像光谱辐射计(MISR)、中分辨率成像光谱仪(MODIs)和对流层污染测量仪(OPITT)等。EOS 卫星设计为近太阳同步极轨的双星系统，由上午卫星(EOS-TERRA)和下午卫星(EOS -AQUA)组成。

2003 年 7 月 31 日美国政府邀请 33 个国家和欧洲委员会(European Commission，EC)召开了第一届对地观测峰会(部长级会议)。会议发布了加强全球对地观测合作的《华盛顿宣言》，呼吁建立综合性全球对地观测系统(GEOSS，Global Earth Observing System of Systems)，得到很多国家和组织的积极响应。GEOSS 由现有的和将来的对地观测系统组成，是对这些系统功能与管理的补充而非替代，将主要关注地区或全球尺度上的多领域交叉性应用目标，同时也可帮助提高国家、地区和特殊部门对地观测的能力建设。

21 世纪以来，物联网、高速网络、无人机等现代信息技术蓬勃发展，推动了对地观测技术向综合性、立体化方面进步。集成航天、航空、近地于一体的立体对地观测系统逐渐成为可能，见表 6-3。遥感-地面-无线传感网络的一体化信息获取体系解决了数据时空不连续的难点，提高了信息保障率，降低了工作成本。

表 6-3　天地空遥感监测分析

	航天遥感	航空遥感	近地遥感
遥感平台及高度	位于大气层外的卫星、宇宙飞船等，高度大于 80km	大气层内飞行的各类飞机、飞艇、气球等，高度小于 20km	三脚架、遥感塔、遥感车(船)建筑物的顶部等
成像特点	比例尺最小，覆盖率最大，概括性强，具有宏观的特点；多为多波段成像	比例尺中等，画面清晰，分辨率高，可以对垂直点地物清晰成像；多为单一波段成像	比例尺最大，覆盖率最小，画面最清晰，多为单一波段成像
主要优点	覆盖范围大、不受领空限制，动态性好，适合对某地区连续观察，周期性好	机动性强，可根据主题选择传感器、飞行高度、飞行区域	灵活机动，费用较低，适合小范围探测

随着遥感事业的不断发展，遥感技术在农业、气象、土壤、环境等方面得到了广泛的应用，其中农业是遥感技术应用中最重要和最广泛的领域之一，如图 6-4 所示。

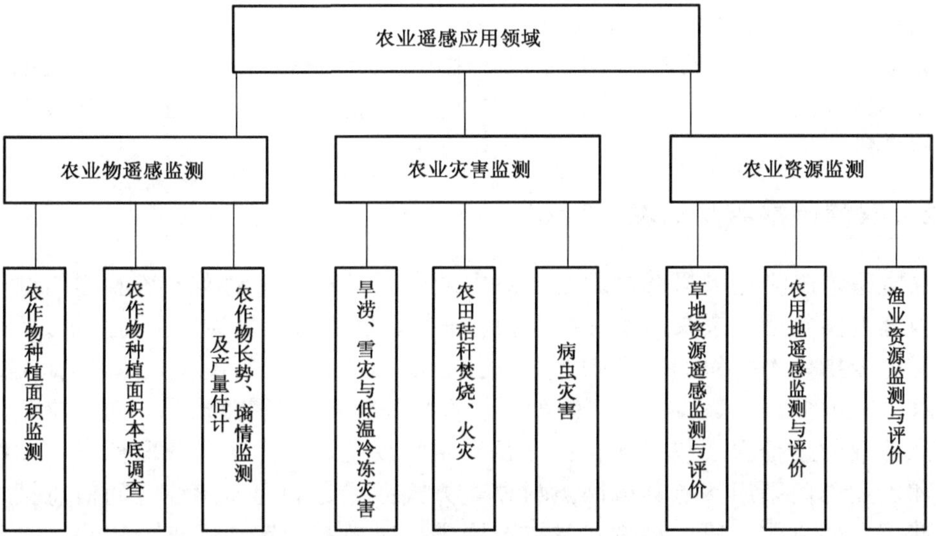

图 6-4　农业遥感应用领域示意图

从 20 世纪 70 年代末开始，根据土壤普查和农业区划工作的要求，在国家计委、国家科委和农业部的支持下，联合国粮农组织、计划开发署提供了资助，农业部门成立了专门的技术研究机构，开展了遥感应用的技术和设备引进以及人才培训工作。20 世纪 80 年代初期，在全国农业区划委员会办公室的组织下，会同国家测绘局、林业部、农牧渔业部及有关的 46 个单位近 300 名科级人员，利用 MSS 卫片进行全国土地资源概查。1987 年大兴安岭发生特大森林火灾时，中国科学院卫星地面站提供的火情卫星影像图对现场指挥、合理调度、扑灭火灾起到了决定性作用。1989 年，在国家航天部的资助下，全国农业区划办公室组织有关单位，利用遥感技术建立了我国北方草原草畜动态平衡监测业务化运行系统。1992～1995年，全国农业区划办公室和中国科学院资源环境局组织开展“国家资源环境遥感宏观调查与动态研究”，在3年时间内完成了全国资源环境调查。1993年，遥感技术被应用于全国耕地变化监测，全国农业资源区划办公室组织有关技术单位，利用美国陆地卫星图像连续4年开展了全国耕地变化遥感监测工作。1996年，黄淮海平原冬小麦长势监测及产量估测转化为业务化试验运行阶段。1998年，长江、嫩江流域发生特大洪灾时，航空、航天平台的遥感实时监测，为指挥抗洪救灾、恢复生产发挥了巨大作用。从1999年开始，农业部遥感应用中心组织各有关农业遥感技术单位，对我国冬小麦种植面积变化、长势状况、旱情、单产和总产进行了监测和评价。1999～2001年，连续3年对长江中下游主产区和黄淮海主产区的棉花种植面积变化量进行了遥感监测。2001年，对新疆棉花主产区的面积变化量进行了遥感监测，并建立了新疆棉区遥感监测的空间外推模型。到2001年年底，形成了全国棉花种植面积遥感监测系统。2000年开始对全国玉米种植面积变化监测和估产。

遥感技术在农业中的应用促使了农业生产和研究从传统的阶段走向了精准化、定量化、高效化、多样化的阶段，遥感技术应用到农业工作是现在、未来发展的一种必然趋势。

6.3.2 农情遥感监测的发展现状

农情遥感监测是以遥感技术为主对农业生产过程进行动态系统监测的过程，监测内容主要包括大宗农作物种植面积、长势、墒情与产量的发生与发展过程等。农情信息专指作物面积、长势、产量及病虫害等相关信息，包含农业情况的静态(例如：农作物种植面积等)和动态(例如：农作物长势和产量等)信息。总的来说，农情信息获取的途径主要包括两种：一是利用常规统计调查手段获取信息，如统计部门和农业部门采用网点县或网点村调查方式；二是利用遥感等空间信息技术获取农情信息的方式，第二种方式具有范围大、时效高和客观准确的优势，是常规监测手段无法企及的。

在农情信息获取方面，中国科学院、中国农科院等利用遥感技术对全国水稻、小麦、玉米、大豆等作物进行长势监测与估产，实现了农作物大范围、多品种、定期遥感估产监测与预报，达到作物长势信息在作物生育期内每旬一次监测、产量估算在作物收割前一周发布的目的。

1)作物种植面积遥感监测

小区域尺度的作物种植面积遥感监测一般采用遥感影像全覆盖方式，而大区域尺度的农作物种植面积提取，一般采用遥感技术与抽样技术相结合的方法。农业部遥感应用中心建立了基于分层抽样方法的全国主要农作物播种面积变化遥感监测。以作物种植面积的历史统计数据为分层指标，把作物生产县划分为若干层，分别建立抽样外推模型；然后随机地从各层抽取所需数量的冬小麦生产县，以 TM 或 CERBERS 等影像覆盖，采用人机交互判读的方法来获取作物播种面积的年际变化；最后利用外推模型获得该作物全国播种面积的变化结果。

2) 农作物长势遥感监测

作物长势信息客观描述了作物的生长状况、土壤墒情、肥力及植物营养的综合状况。作物长势遥感监测可以实时掌握作物长势好坏，及时发布苗情监测通报，指导农业生产，为预测作物产量提供重要的依据和参考。要进行作物长势遥感监测，必须综合地面观测、农学模型和遥感数据，在其生长期内连续获得不同时相的反映作物生长状况的遥感数据。作物长势遥感监测的方法主要包括：基于遥感反演的植被指数的年际比较或多年平均值比较法、遥感数据同化作物生长模型的作物长势监测法，以及遥感数据和地面调查数据联合建模法等。

3) 农业灾害遥感监测

作物产量的形成过程中，除品种、田间管理措施外，各种灾害如干旱、洪涝、冷冻害、病虫害等，也是影响产量的重要因子。遥感技术具有响应速度快、监测范围广的特点，在作物灾害监测中发挥了重要的作用。目前的作物灾害遥感监测的数据源以中低空间分辨率和高时间分辨率的数据为主，辅助以高光谱数据。利用遥感进行作物旱情监测的技术发展比较迅速，如利用光学卫星数据的热惯量法、植被供水指数法等，以及利用微波卫星数据发展的土壤水分监测方法等。洪涝的遥感监测技术发展也日益成熟，利用高光谱遥感技术开展作物冷冻害和病虫害监测的研究也不断增多，发展了基于遥感的作物冷冻害和病虫害监测模型和技术。

4) 农作物产量遥感估测

基于遥感技术的作物产量估测法是伴随计算机技术、信息技术和空间技术等高新技术发展起来的新方法，可以实现空间尺度的产量估测，时效性强、快速客观，成为作物产量估测的主要方法。根据对作物单产形成机理描述的不同程度，可以将遥感作物单产估测模型简单分为：经验模型、半经验半机理模型和机理模型。机理模型亦称过程模型，是从土壤、作物、大气间的物质和能量传输理论出发，对作物的光合、呼吸、蒸腾、营养等一系列生理生化过程进行数学描述，动态模拟作物的生长、发育以及产量形成全过程的模型。遥感影像信息与作物机理模型集成的方法，综合应用了多时相遥感信息、多时相气象数据、土壤属性数据、农学信息以及部分人工管理因素，使模拟与作物实际生长环境更加接近，是区域作物产量遥感估测的重要发展方向之一。

6.3.3 大数据支撑下的农情遥感监测

基于遥感-地面-无线传感网的一体化农情信息获取体系，在解决了数据时空不连续的难点的同时，也带来了海量农情数据融合处理的问题。与此同时，遥感技术飞速发展，特别是传感器分辨率的大幅度提高、新型传感器的广泛应用等，遥感影像的数据量急剧增加，海量数据的存储、快速产生、信息提取、融合应用等，为遥感数据分析带来了挑战。利用大数据分析处理技术，研究天地网一体化农业监测系统中的多源多类数据的智能融合与分析、定量化反演以及网络化集成与共享关键技术，实现全局数据发现与跨学科的数据集成和互操作，为农业遥感信息的深入分析提供支撑。

宋维静等认为农情遥感大数据除了具有 4V 特征外，还具有以下特点。①高维度。随着遥感技术的不断发展，数据的维度也越来越高，主要分为空间维度、时间维度、光谱维度等；②多尺度。遥感数据在空间上与时间上呈现出多尺度的特征，不同监测平台上提供的监测数据的时空尺度是不同的，如空间尺度由几千米到零点几米的范围变化；③非平稳性。农情遥感数据具有广泛的获取方式，因此从信息理论来说是，农情遥感数据具有典型的非平稳信号特征，即分布参数或者分布律随时间发生变化。

1) 天地网一体化农情数据采集

天地网一体化农情数据采集，依托于航天遥感平台、航空遥感平台、地基观测平台、农业物联网、农业传感网等数据采集源，多方式获取对地观测数据并进行综合型信息处理。随着高性能新型传感器研制开发水平以及环境资源遥感对高精度遥感数据要求的提高，高空间、高时相和高光谱分辨率已是卫星遥感影像获取技术的发展趋势，遥感数据专业化与精细化程度更高，传感器的地面分辨率数量级从千米到厘米，波谱范围从紫外到超长波，时间间隔从十几天一次到每天几次，探测深度从几米到几万米。由航天、航空、地面观测台站、地面监测网络等组成的农情遥感数据获取系统，具有提供定位、定性和定量以及全天候、全时域和全空间的数据能力，解决了农情监测数据时空不连续的关键难点，提高了信息保障率，降低了工作成本。

2) 多技术与多模式遥感数据融合应用

采用单一的遥感数据与单一遥感技术，不仅会降低工作效率与成果的精度，还会导致监测结果不准确，甚至引起决策上的失误，另外单一的技术会降低工作的效率与成果的精度。随着对地观测技术的不断发展，一颗卫星装备多种传感器，既有适合于小范围详细研究的高空间和高光谱分辨率、窄成像带的传感器，又有适合宏观快速监测的中低空间分辨率和光谱分辨率、宽成像带的传感器，不同传感器获取的可见光、红外及微波的影像数据与日俱增，这些数据在空间、时间、光谱、方向和极化等方面对地表某一区域构成多源数据。未来农情遥感监测趋向于多传感器集合、多遥感影像数据源、多时相数据的综合应用，利用大数据思维进一步抽取农情遥感数据的共性模式，采用多种技术融合的方法进行数据分析处理，为农业的生产与决策提供一个准确、高效、可行的方案。

3) 多源遥感数据智能处理与控制

高分辨率、高动态的新型卫星传感器波段数量多、光谱分辨率高、数据下传速率高、重访周期短、数据量特别大。充分利用高速网络环境和高性能集群计算环境等高性能数据处理基础设施，服务农业遥感大数据处理与应用，提高体系的数据分析能力，更好更快更全面地实大数据农业遥感信息挖掘，提高农业遥感空间信息分析的质量和效率。一方面，在 MapReduce、HDFS 等开源数据并行处理平台和并行文件系统的基础上进行二次开发，研究适用于海量遥感数据处理的高性能、大规模并行处理算法模型，提高海量遥感数据的处理能力和处理效率。另一方面，通过稀疏表征、流形学习等方法简化数据量与数据维度，使大数据变小后再进行后续研究，进一步通过机器学习、非线性随机的数据缩减技术，挖掘大数据中蕴含的信息。

4) 农情遥感信息空间可视化表达

研究表明，人类接收外界信息的 80%是通过视觉来完成的，人类视觉感知系统具有高速、大容量、并行等特点，可视化技术通过将表面上看来是杂乱无章的科学与工程计算等产生的大规模数据转换为图形图像，以直观的形式表示出来，找出其中潜在的价值规律。农情遥感信息空间可视化表达、智能化应用是一个必然趋势。利用三维仿真地图、虚拟现实技术、多媒体可视化技术、虚拟网络环境等空间信息可视化技术，研究多维数据模型和数据结构以及图形图像的实时动态处理等关键技术，构建农情数据三维空间数据库，实现农情遥感信息空间可视化表达。如图 6-5 所示。

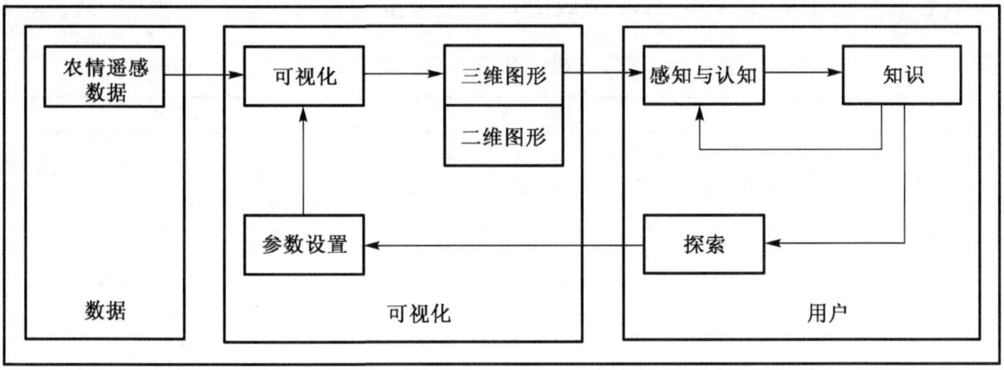

图 6-5　可视化知识发现过程

6.4 大数据技术在农业农村综合信息服务中的应用

6.4.1 农业农村综合信息服务概述

信息服务泛指以产品或劳务形式向用户提供和传播信息的各种信息劳动，即信息服务产业范围内的所有活动，包括信息产品的生产开发、报导分配、传播流通以及信息技术服务和信息提供服务等行业。狭义的信息服务是指专职信息服务机构针对用户的信息需要，及时地将开发、加工好的信息产品以方便用户的形式准确传递给特定用户的活动。农村信息服务是一种实例化的信息服务，专指面向广大农村地区用户的信息服务。同时，农村信息服务又是一种组合型的信息服务，涵盖农业生产、卫生医疗、文化教育、政策法规等各方各面的信息服务。

农村信息服务对农村地区经济发展具有重要的促进作用。一般认为农村综合信息服务是指服务供给者充分利用现有信息资源和适用信息技术，为农业生产、农村生活和农民个人发展中的信息需求者提供或传播及时、准确、安全的信息产品或服务。农业信息服务内容多种多样，涵盖了农业政策法规、农村金融、农产品市场、农村科技、农业生产经营、农村物流、农村生活、农村休闲娱乐、农村教育培训、农民就业等信息。随着信息技术的不断发展，农村信息服务已从单一的传统媒体向多元化的方式发展。

在世界范围内，农村信息服务的发展大致经历了 3 个阶段。①20 世纪初的农业专业化信息服务，主要关注如何把科研机构的农业技术传递到农民手中；②从 20 世纪 30 年代到 20 世纪中叶，农业信息服务范围从农业生产拓展至农产品流通信息、农村经济信息等；③20 世纪 70～80 年代，越来越多的研究开始从农村居民信息需求的角度考虑农村信息服务。

随着信息技术的飞速发展，我国政府也在积极推动农村综合信息服务，见表 6-4。

表 6-4 现代农村综合信息服务的构成要素

要素	内涵	主要组成
信息服务主体	提供农村信息服务的组织或个人，通常采取适当技术手段，从事农村信息资源开发、信息产品制造和信息服务供给	各级政府、事业单位、企业、农民专业组织等
信息服务客体	指接受农村信息服务，且通过消化吸收，以达到提高生产力等目的的组织或个人	种养大户、农村经纪人、新型农民、涉农企业、相关农民组织等
信息服务内容	主体为客体提供的信息服务项目，涵盖农业生产、农村生活、农民发展等所需要的信息，通常借助一定的载体或媒介表达	涵盖了农业政策法规、农村金融、农产品市场、农村科技、农业生产经营、农村物流、农村生活、农村休闲娱乐、农村教育培训、农民就业等信息

续表

要素	内涵	主要组成
信息服务手段	信息服务主体将各种信息传递给信息服务客体所采用的一系列的技术、载体、渠道的统称	农村信息生产、采集、整理、加工、存储、传递和利用等所涉及的技术、载体和渠道等，如报纸、期刊等传统媒介；广播、电视、计算机、卫星等现代信息媒介；互联网、移动通信网等传输媒介等。
信息服务运营机制	在农村信息服务过程中，各构成要素相互依赖、相互作用(制约和促进)、共同发展的过程和方式	由信息服务的组织机制、投资机制、动力机制，利益分配机制和协调机制等有机构成，共同作用

2006 年，农业部在全国开通了“12316”农业系统公益服务统一专用号码，截至 2009 年，全国已有超过 20 个省(市、区)开通了“12316”三农服务热线，累计咨询人数 1000 余万人次。2009 年，农业部决定以“12316”代码为纽带，统筹规划语音电话、手机短信、互联网络等现代传播手段，全力打造“12316”三农综合信息服务平台。

2011 年，农业部发布的《全国农业农村信息化发展“十二五”规划》重点任务之一是打造农业综合信息服务平台。《规划》提出加强与电信运营商、IT 企业等的合作，充分利用 3G、互联网等现代信息技术，建设覆盖部、省、地(市)、县的四级农业综合信息服务平台，完善呼叫中心信息系统、短彩信服务系统、手机报、双向视频系统等信息服务支持系统，为广大农民、农民专业合作社、农业企业等用户提供政策、科技、市场等各个方面的信息服务。

2011 年，工业和信息化部、农业部、科技部、商务部、文化部发布了《农业农村信息化行动计划(2010—2012 年)》，重点任务之一是建设国家级农村综合信息资源和服务平台。《计划》提出有针对性地选择并委托具有优势条件的机构，在相关主管部门的指导下，加强信息资源整合、协调和集成，按照逻辑统一、分布有序、服务到位的要求，建设国家级农村综合信息资源和服务平台，形成分类完整、动态更新的信息服务体系和分工协作机制。

2012 年，科技部发布《农村与农业信息化科技发展“十二五”重点专项规划》，提出全面加强国家农村信息化示范省建设，按照“平台上移、服务下延”的原则，搭建农村综合信息服务平台，整合利用农村党员干部现代远程教育等网络资源，搭建三网融合的信息服务快速通道，重点加强面向基层的涉农信息服务站点和信息示范村建设，创新农村信息化发展机制，探索农村信息化可持续发展模式。

各种信息技术已广泛用于农业信息服务领域，但是我国农业信息服务发展程度还不高、在各地区各行业应用很不均衡、很多农业信息技术适用面窄、转化率不高、同国外相比还有很大差距，面对势头汹涌的大数据时代，我国农业信息服务领域存在的某些问题越发突显，主要表现在。

1）农业信息服务主体的功能还没有完全实现

各层农业信息服务主体缺乏为市场、为农民服务的动力机制，从而导致农业信息使用群体对于农业信息技术的运用程度和信息的获取及利用程度较低。尤其表现在广大的农民在市场中处于信息相对弱势的地位。

2）农业农村综合信息资源得不到有效的整合

农业涉及的环节众多，其影响面将越来越大，涵盖经济、社会、民生、生态、环境等多个方面，单一专业领域的信息不能应对这样复杂的局面，需要从农业全产业链的视野统筹考虑，各类农业信息都要通盘掌握。然而目前还做不到这一点，现有的农业信息比较分散，没有得到有效的整合，不利于各相关主体做出科学的决策。

3）农业农村信息服务资源质量低

很多农业网站的信息重复度较高，缺乏应有的特色和针对性。高层信息机构远离基层用户，基层信息站点缺少人才、技术和设备，基础性信息资源建设工作滞后，难以提供针对性的信息。表现为一般性新闻类的信息多，权威性、有深度、可用性的信息少，结合本地情况开发利用的信息资源更是匮乏。

4）农业农村综合信息服务个性化程度不高

我国已建立的涉农网站提供的信息服务大都是以在线、查询为主，对于品种、施肥、植保等专业知识服务的能力不足，对于农情监测与市场信息规律性分析的服务更加缺乏。面对互联网上的海量信息，要求“三农”用户直接交互、捕捉和筛选，不仅是不现实的，也是不可能的。因此，一方面国家与企业投入了大量资金，建立了丰富的信息服务资源，而另一方面广大农户面对这些海量信息资源只能望“洋”兴叹，这就是我国农村信息服务面临的“信息淹没”问题。

5）农业农村综合信息服务手段不够多样化

广播电视是最普及的传播工具，在传播涉农经济信息方面有巨大的作用。然而，涉农节目少与农民数量多两种情况之间形成了巨大的反差。传统的信息传播媒介，如书籍、报刊、杂志等，在农村中传播力度有限。基于现代移动终端的信息服务还比较缺乏，没有形成巨大的市场。

6）农业农村综合信息服务成本较高

农业生产信息分散，结构复杂，各种信息的生产、收集、加工、贮存、传递和使用都需要成本，从而导致农业信息服务到达农民手中的成本累积值更高，而我国农民生产规模小，收入又很有限，很难支付得起各种信息费用。

6.4.2 国家农村综合信息服务平台

2009年科技部、中组部、工信部联合启动了国家农村农业信息化示范省建设，并在2010年和2011年，分别选择山东省和湖南省开展国家农村农业信息化示范省建设试点工作。2012年中组部办公厅、科技部办公厅和工信部办公厅联合下文，正式批复安徽省、河南省、湖北省、广东省、重庆市等五省(市)依托全国党员干部现代远程教育网络开展国家农村农业信息化示范省建设试点工作。

为配合国家农村农业信息化示范省建设，集成建设成果，彰显联合效用，在国家层面上实现省际农村信息服务资源的共享，在更大范围内发挥农村信息服务资源的集成效用，大大降低信息服务成本，大幅度提高信息服务能力、效率与个性化程度，拟建设国家农村信息综合服务平台。

该平台将实现以下目标：

(1)突破我国农村信息服务“信息孤岛”，“最后一公里”，以及难以实现“低成本、个性化、广覆盖、可持续”等重大瓶颈。

(2)以农户及合作社和涉农企业、科教部门、政府共同参与的高效运行机制，有机集成7个信息化示范省信息服务平台上的信息数据资源和应用系统，在全国范围内实现互联互通、互惠互动。

(3)平台与7个信息化示范省信息服务站实现扁平化管理，并从生产一线直接采集第一手信息，实现“平台上移，服务下延”，信息进村入户。

(4)探索建立适合我国“三农”特点的农村信息增值服务模式和机制，催生一批增值服务新兴产业，实现我国农村信息服务可持续发展，充分发挥“国家大平台”在繁荣农村社区、支撑现代农业、培育新型农民、普惠城乡民生的重要作用。

“国家大平台”由“云存储与云计算中心”、“数据集成与处理中心”、“1+N服务平台”三个层次组成，为各种涉农用户提供信息服务。

“云存储与云计算中心”是“国家大平台”的基础软硬件设施，可以形象的比作一个装有操作系统的超级计算机，它为“数据集成与处理中心”、“1+N服务平台”提供存储与计算资源，如图6-6所示。

“数据集成与处理中心”依托“云存储与云计算中心”，建立各种农业数据库，并集成数据获取、清洗、转换、挖掘等智能数据处理系统，可以形象的比作一个大型数据仓库，为“国家大平台”提供基础数据支撑。

“1+N服务平台”(表6-5)是面向广大涉农用户提供实时互动的“扁平化”信息服务的主要载体。其中“1”指具有统一接入功能的综合服务平台；“N”指分布在不同产业优势单位的为综合平台提供专业信息来源和服务支持的专业化信息服务系统。综合服务平台和各专业信息服务系统在统一的标准下通过专线实现无缝链接，互为补充，实现信息和服务价值的最大化。

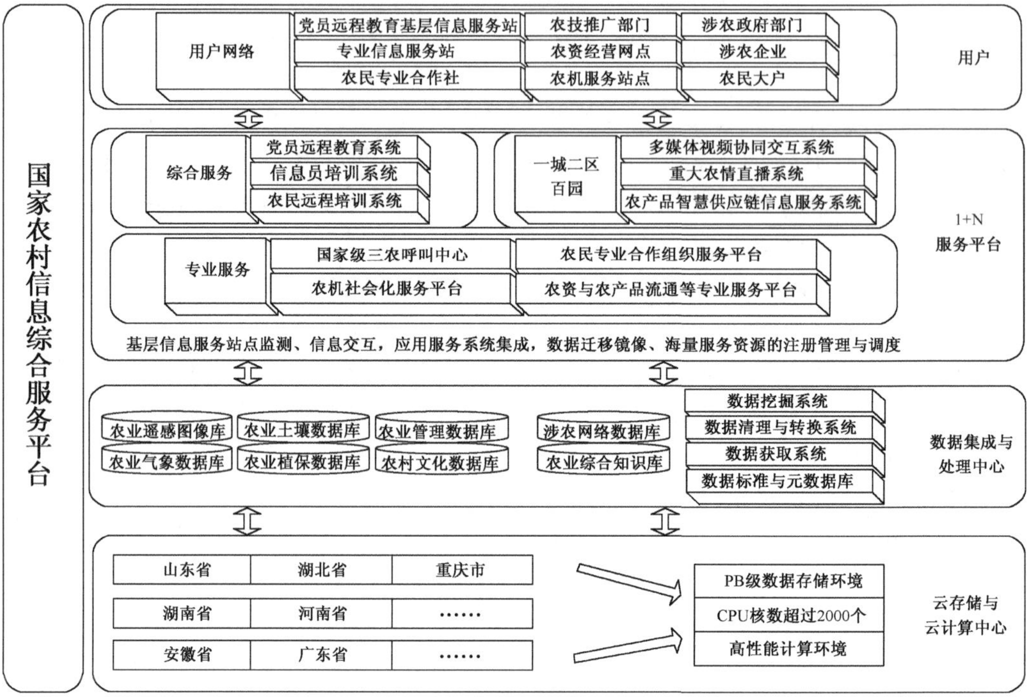

图 6-6 “国家大平台”体系架构

表 6-5 农村综合信息服务 1+N 平台

1+N 门户	农村信息云服务综合门户	遵循“资源整合、统一接入、实时互动、专业服务”的原则，建立云服务门户。通过共享各示范省的信息服务资源和扁平化的信息服务站点，系统集成各示范省农村公共服务网站集群、农业特色产业网站集群和乡镇村网站集群，实现全国各类涉农信息资源的分布式共享
	三农呼叫中心	集成各示范省涉农三农呼叫中心，实现语音、短信、网络视频为一体的全国性统一呼叫中心，并按农业生产区域来对呼叫请求进行自动识别推送，支持各示范省农业技术专家资源的平台级共享，为农业政府部门、农业经营管理组织、农民等提供全面立体化的信息获取和交流平台
	农村远程教育服务系统	依托农村党员远程教育系统现有的信息渠道，推进农村远程教育“由村入户”，提高远程教育“三进”（进电视、进手机、进互联网）覆盖面
	农村民生信息服务系统	通过整合、共享各示范省民生信息服务资源，为广大农村居民和基层政府提供丰富的民生信息服务，努力实现农村文化教育、农村社会保障、农村医疗卫生、农民创业就业、区域物流资源等信息资源的区域互动与共享
	农技推广信息化系统	通过整合全国基层农技推广信息化平台相关的信息系统、信息技术和信息资源，扩大现有的农技推广示范点规模和数量，创新基层农技推广与管理手段，全面提升以基层农技推广人员为核心、相关社会力量参与的基层农技推广公共服务能力

续表

1+N 门户	农业机械装备服务平台	建设一个统一、开放的基于云计算框架的农业机械装备 SaaS 服务平台，制定完善的农机服务注册与管理机制，并与示范省建设的农业机械装备服务平台进行有机融合，实现全国范围内的农机跨省服务、管理、维修及评价，全面提升农机资源的利用率和农机服务与被服务的能力
	专业合作组织服务平台	建设一个基于云计算框架的农民专业合作组织 SaaS 服务平台，实现集农民专业合作组织管理、政策法规、实用技术、质量追踪、科技推广、农事农情、供求信息、农资供应、农产品销售于一体的为农民专业合作组织服务的专业化综合信息、商务信息服务平台
	农业物联网应用平台	通过传感器网络技术，云通信技术，自动识别技术等实现对农产品的产地环境、生长、生产、加工、储存、运输、销售、消费和回收等全生命周期管理，并且为政府监管部门、农业物联网从业人员和终端用户提供便捷的查询服务，为建立农产品品牌，实现农产品认证及追溯，防止有害或变质农产品进入消费市场，有效地召回问题农产品等提供渠道和保障

综合服务平台的建设遵循“资源整合、统一接入、实时互动、专业服务”的原则，通过系统集成实现全省各类涉农信息资源的分布式共享，搭建综合服务平台的底层数据基础。平台以实时、互动为服务的基本标准，实行统一接入管理，按照地域和产业特点提供不同层级的专业化服务。

专业信息服务系统以为综合服务平台提供专业技术支持为目的，以全产业链作为服务对象进行建设。选择产业化发展基础良好的行业，充分利用农业物联网等先进的信息技术，为用户提供产前、产中、产后全程信息服务，丰富服务内容，扩大服务范围，提高服务效率。

大数据农产品安全预警在国内外也有应用。联合国粮农组织(FAO) 在 1975 年建立了“全球粮食和农业信息及早期预警体系(GIEWS)”，对全球粮食情况进行持续的考察和评估。欧盟早自 20 世纪 70 年代后期就开始在其成员国中间建立快速警报系统，各成员国有责任在消费者的健康遭受严重风险时提供信息，在 2001 年启动了食品安全预警体系建设。美国农业部已经建立了一套较为完善的农产品信息分析预警体系，它们还开发了多国商品联接模型(Baseline 模型)，可以对全球 43 个国家和地区在内的 24 种农产品，分地区分产品对农产品生产、消费、贸易和价格进行预测。

我国也非常重视农产品安全预警工作。从 20 世纪 90 年代．农业部一直在组织有关机构开展粮食安全监测预警工作，粮食安全监测预警常用方法主要有经济周期法、景气分析法(景气循环法与景气警示指标法)、经济计量模型法、警兆指标法、Delphi 法、系统分析法及综合分析法等。2002 年以后，农业部开始建立农产品市场监测预警系统，启动了稻谷、小麦等重点农产品的市场监测预警工作。目前，监测预警技术已在农产品质量安全、农业病虫草害、农产品价格、农产品市场等领域进行了广泛应用。目前已开发了中国农产品监测预警模型(CAMES)，开展了多品种市场关联预测、智能预警基础算法、农产品市场预警多维模拟等研究。

6.4.3 国家农业科技服务云平台

2005年以来，中国农业科学院农业信息研究所基于移动互联、大数据和云计算等现代信息技术，开发了国家农业科技服务云平台。该平台运行示范几年来，在北京大兴、密云、江苏兴化、通州、海门、河南漯河、新乡、河北藁城、新疆吐鲁番、云南临沧等地先后开展示范，平台的应用提升了农技推广人员的业务能力，提高了农技推广管理的工作效率，降低了工作成本。应用平台深受参与示范人员和管理者的一致好评，通过平台的推广应用，获得了显著的经济、社会与生态效益。

1. 建设目标

通过建设和应用国家农业科技服务云平台，汇聚专家、农技人员、涉农企业与新型农业生产经营主体等产业群体,激活并整合当前分散管理的各类农业科技数据、农业成果等信息资源，构建适应移动互联时代与农业产业转型发展的农技推广信息支撑体系，促进宏观性、区域性、个性化、社会化农技信息服务模式的协同发展，为农业增产、农民增收提供全程信息服务。具体为实现五大目标：

(1)整合农业基础数据、农业技术、技术成果、农技推广用户主体等信息资源，建设全国农技推广服务分布式数据库，实现农技推广服务资源的共享利用，同时，进行农业大数据分析与服务，为国家农业农村生产经营作好决策支持。

(2)建立农技推广服务的信息保障体系,通过信息聚合与更新引擎实现农业信息资源的本地化、区域化和个性化，提高服务的有效性。

(3)推进建立农技推广多元协同服务机制，通过信息化技术实现技术专家、基层农技推广人员、新型生产经营主体之间自发、常态、互动，即产－推－研互动常态化。

(4)研发一批满足农业科技云服务的移动信息终端 APP，实现移动式信息交流与调度管理、农情信息动态实时采集等，形成固定-移动信息终端的多通道灵活服务模式。

(5)探索农业科技云服务模式和社会化运维机制，先期通过政府投资搭建平台，后期实现市场化操作机制以实现良性发展。

2. 建设内容

(1)依托“中国农业推广网”，建立国家农业科技服务云平台门户,包括 PC 门户、手机门户、智能电视门户；

(2) 以现有“全国基层农技推广服务云平台”为基础，整合集成若干现有服务系统，建设国家农业科技服务核心业务平台；

(3) 以国家农业科技服务云平台的核心业务平台为基础，整合多方面基础数据与平台运行数据，建设国家农业科技服务大数据决策平台；

(4) 进行支撑系统与环境建设，主要包括台开放中心、云计算及云存储中心和运维服务中心建设及数据通道支持与移动信息终端配置。系统架构如图 6-7 所示。

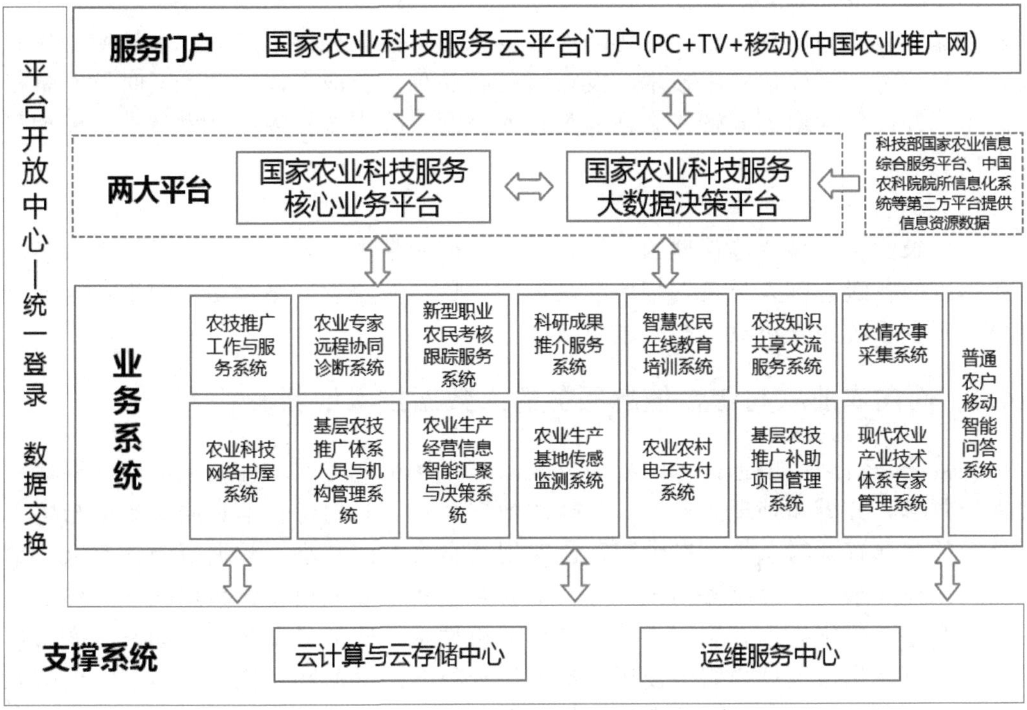

图 6-7 国家农业科技服务云平台系统架构图

3. 用户对象

国家农业科技服务云平台的用户对象主要有四类：

(1) 农技推广人员

主要包括县、乡级基层农技推广员、基层信息员、农业企业推广技术员等。农技人员通过平台获取最新的、本地适用的专业技术资料进行在线学习，提升业务能力；利用平台检索查阅相关技术资料，进行业务服务；对于本人无法解决的技术问题通过平台发布，与专家、其他农技人员进行业务交流，获取解决办法；将本人农技推广工作过程中的经验知识上传至平台中共享。

(2)新型农业生产经营主体及广大农民

包括农民专业合作社、龙头企业、种养大户、农业生产基地、家庭农场、社会化服务组织、职业农民、示范户、分散农户等。他们根据地域、产业获取相关技术等个性化信息，向专家、农技人员提出技术问题、技术需求，反馈问题解决结果，对科研成果进行评价。

(3)农业技术专家

包括国家现代农业产业技术体系专家、基层农技推广补助项目专家、地方创新团队专家、涉农科研院所、企业等的农技专家等。他们提供本产业、本领域的权威技术资料，发布轻简化实用技术，发布科研新品种、新成果，发布不同时节农事指导意见，开展技术培训，解答农技人员技术难题。收集农技人员技术需求，梳理科研方向。

(4)农业管理人员

包括农业生产经营等管理的人员及平台运维的中央、省、市、县级管理人员。平台运维的各级管理人员负责平台的具体的信息资源建设、平台功能的维护与安全保障，平台系统的升级改造与版本更新。

6.4.4 面向农业农村综合信息服务的大数据技术创新

大数据是新一代信息技术的集中反映，是无法用现有的软件工具提取、存储、搜索、共享、分析和处理海量的、复杂的数据集合。农村综合信息服务集成与整合各分散的信息资源与系统，在全国范围实现信息资源的共享，数据资源体量大、数据处理流程复杂、信息服务模式多样，需要实现海量农业信息化数据获取、传输、加工、服务一体化处理。利用大数据处理分析技术，研究复杂多样、动态时变用户需求的快速聚焦与大规模服务及用户动态需求组合的学习和进化机制模型，突破农户需求智能聚焦技术，实现信息服务按需分配以及云环境下大规模部署的智能系统服务与庞大“三农”用户群的多样性、地域性、时变性等个性化需求快速对接，必须通过信息系统将各类涉农的社会和经济模型组合在一起，通过系统对社会和经济模型自动反复验证推理，以揭示农业子系统内部关系及规律。要达到这一目标，重点需完成三项任务：①农业大数据去冗降噪、融合存储的智能化规范处理；②将各类涉农的社会和经济模型组合在一起形成农业大数据决策本体；③通过交互引擎和交互控制实现农业农村信息化云服务的人机交互服务。

1)农业大数据智能处理技术

针对农业大数据的数据海量、数据源异构、数据结构多样、数据变化快等特点，应用大数据去冗降噪、数据存储、融合技术、非结构化和半结构化数据的高效处理技术、适合不同行业的大数据挖掘分析工具和开发环境等技术，根据农业种植、养殖等分类标准定义主体的信息处理意向，开发农业大数据采集、转换、分类、清洗、聚类等智能分析系统，将从本地数据库、互联网、物联网、野外工作人员等数据源接收的海量数据，自动、实时地按照特定策略进行过滤，丢弃无效信息，生成不同类型的数据库，并自动生成元数据、准确描述数据出处、获得途径和环境等背景信息，如图 6-8 所示。

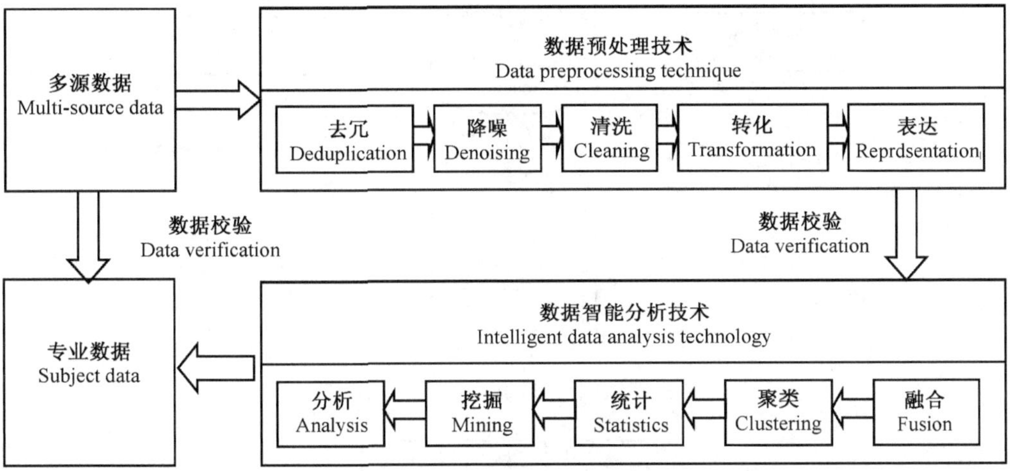

图 6-8　农业大数据智能处理流程图

2) 农业大数据决策本体技术

参考本体论的数据关联分析、数据关系表达，对象关系模型，开发决策本体系统，构建不同数据集之间的数据融合模型，将多个大数据集和已经开发完成的众多小农业专业本体综合成为一个元数据集，按照决策模型联系建立数据集关系表达式，构建各类农业决策本体的数据体系结构，形成一个可根据需要随时提取、输入并按照链状关系连续进行语义推理和关系解析的大型农业决策本体，通过模型预测为各级用户提供咨询服务，如图 6-9 所示。

3) 农村综合信息服务人机交互技术

“平台上移，服务下延”是农业农村信息服务的主要方向，农村综合信息服务过程处理方法缺乏、农业信息服务方式落后等是我国农业信息服务依然存在的突出问题。个性化、智能化、互动化的农业信息服务将是大数据时代的重要研究方向。以农业决策本体为基础，通过交互引擎和交互控制，通过信息系统的建模、形式化描述、整合算法、评估方法以及软件框架等信息技术，研究基于我国农民交互习惯的用户模型、语音交互、信息呈现方式、多通道交互信息整合、人机交互软件体系结构，为农民提供高效便捷、简明直观、双向互动的服务，如图 6-10 所示。

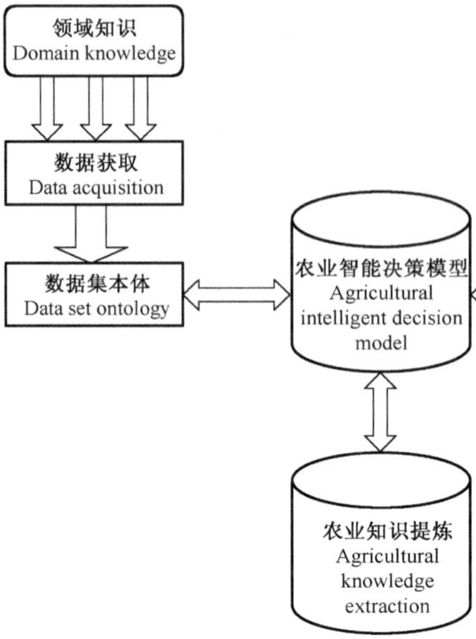

图 6-9　农业大数据决策本体流程图

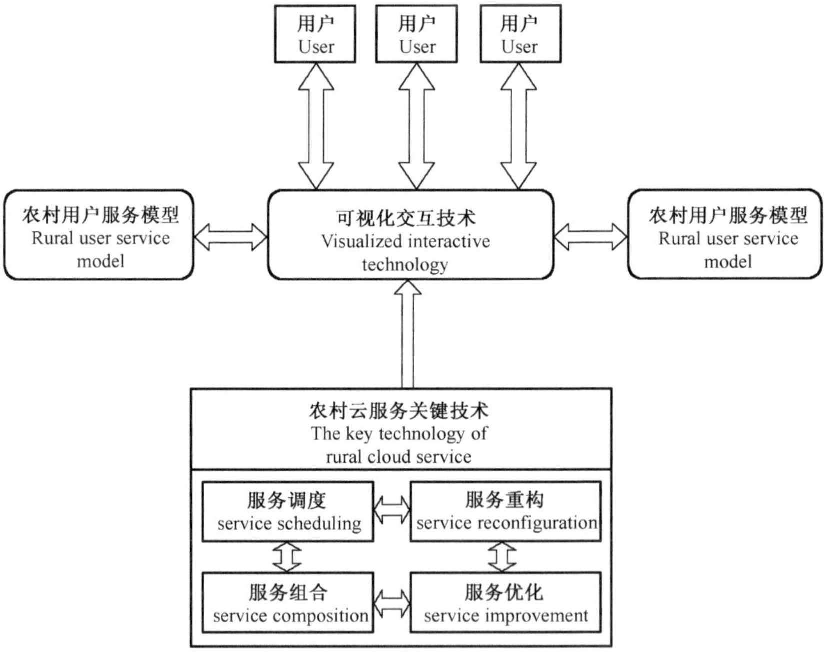

图 6-10　农业大数据云服务人机交互流程图

第 7 章　农业大数据未来发展

信息化是当今世界发展的趋势，成为推动经济发展和社会变革的重要力量。党的十八大提出“促进工业化、信息化、城镇化、农业现代化同步发展”的战略部署，为加快推进农业农村信息化指明了方向，明确了目标和任务。农业大数据作为农业信息化的前沿技术，是新一代信息技术的集中反映，是一个具有无穷潜力的新兴科技产业领域。它不仅影响着政府决策、企业经营与农户生产，而且还对农户的生产、生活、工作和学习方式产生重大变革。

7.1　农业大数据概述

农业是生命之源、发展之基。农业资源、环境、多样化的生产经营方式、保障“舌尖上的安全”，都时刻面临着不断产生的大批非结构化数据的信息获取、挖掘、存贮、处理与智慧应用的问题。

简言之，农业大数据是指大数据技术、理念和思维在农业领域的应用。从更深层次考虑，农业大数据是智慧化、协作化、智能化、精准化、网络化、先觉化和泛在的现代信息技术不断发展而衍生的一种计算机技术农业应用的高级阶段，是结构化、半结构化及非结构化的多维度、多粒度、多模型、多形态的海量农业数据的抽象描述，是农业生产、加工、销售、资源、环境、过程等全产业链的跨行业、跨专业、跨业务、跨地域的农业数据大集中有效工具，是汲取农业数据价值、促进农业信息消费、加快农业经济转型升级的重要手段，是加快农业现代化、实现农业走向更高级阶段的一个必经过程。

农业大数据解决的问题不是存量数据激活的问题，而是实时数据的快速采集和利用的问题；农业大数据解决的问题不是关系型数据库集成共享的问题，而是不同行业、不同结构的数据交叉分析的问题。

7.1.1　农业大数据内涵

农业大数据至少包括下述几层含义。

(1) 基于智能终端、移动终端、视频终端、音频终端等现代信息采集技术在农业生产、加工以及农产品流通、消费等过程中广泛使用，文本、图形、图像、视频、声音、文档等结构化、半结构化、非结构化数据被大量采集，农业数据的获取方式、获取时间、获取空间、获取范围、获取力度发生深刻变化，极大地提高农业数据的采集能力。

(2)跨领域、跨行业、跨学科、多结构的交叉、综合、关联的农业数据集成共享平台取代了关系型数据库成为数据存储与管理的主要形式，基于数据流、批处理的大数据处理平台在农业领域中的应用越来越频繁，交互可视化、社会网络分析、智能管理等技术在农业生态环境监测、农产品质量安全溯源、设施农业、精准农业等环节大量应用。

(3)农业产业链中各个环节的科研机构、高校、企业达成竞争与合作的平衡，农业大数据协同效应得到更好的体现。农业大数据形成一个可持续、可循环、高效、完整的生态圈，数据隔离的孤岛局面将被打破，不同部门将自己的数据共享出来，全局、整体的产业链得以形成，数据获取的成本、渠道大大降低。

(4)大数据的理念与思维已被政府、企业、农民等广泛接受，农业大数据成为决策的依据和基础，天气信息、食品安全、消费需求、生产成本、市场价格等多源数据被用来预测农产品价格走势，耕地数量、农田质量、气候变化、作物品种、栽培技术、产业结构、农资配置、国际市场粮价等多种因素用来分析粮食安全问题，政府决策更加精准，政府管理能力、企业服务水平、农民生产能力都得到大幅度提高。

7.1.2 农业大数据的特征

农业大数据由结构化数据和非结构化构成。随着各种智能设备在农业领域的推广应用，非结构化数据呈现出快速增长的势头，其数量将大大超过结构化数据。农业大数据除了满足大数据的 5V 特性之外，农业大数据的特征还包括以下方面。

(1)泛在性。农业与人类的社会生活息息相关，从田间地头到家庭餐桌，从农业科学家到市井商贩，从猪马牛羊到五谷杂粮，都是农业元素的某种体现，任何地方都是农业大数据的源头，农业大数据无所不在。

(2)周期性。农业大数据是农业中客观实体或事物的表达，动植物的生长遵循一定的规律，受自然因素的影响，随季节而变化，具有周期性。农业大数据也随着动植物本身的变化而呈现出一定的规律性变化。

(3)地域性。动植物等农业生产对象，需要热量、光照、水、地形、土壤等自然条件。不同地域的地理位置、地形地貌、水分、热量等自然条件和生态环境以及社会经济、技术条件等各不相同，因此农业大数据表现出明显的地域特征。

(4)社会性。“民以食为天，农业稳，天下稳；农民安，天下安”，农业数据是我国 8 亿多农民、18 亿亩耕地、1 万亿斤粮食的抽象表达，农业大数据是农业生产、生活的集中体现，农业数据的变化直接反映社会状态变化。

(5) 交叉性。农业大数据不仅仅涉及耕地、播种、施肥、杀虫、收割、存储、育种等作物生产的全过程各环节，而且还涉及整个产业链的气象、资源、环境、市场、运输、安全等。农业大数据呈现出交叉影响特征，如农业气象能够影响农业生产、农业市场、农业运输。

(6) 分散性。农业大数据的分散性主要表现在数据组织分散，相互关联、完整的数据并不多见。不同环节的农业数据分别属于不同的单位，农业大数据分散在生产、流通、加工、储藏的各个生产流通过程中。

(7) 多变性。农业大数据时时刻刻都在发生变化，农业气象数据、农产品价格数据、农业生产环境数据等在不同时间尺度下差异非常大。

(8) 综合性。任何数据都具有关联性，农业数据的关联性表现尤为显著。一个数据往往直接或间接地与多个数据相关，互相联系，相互作用。比如作物长势数据实际上是土壤、气候、农田管理等数据的综合体现，农产品价格数据实际上是农业市场政策、农业生产状况与农村经济水平的反映。

7.1.3 农业大数据的价值

大数据时代，人们不仅仅关注表面数据，而更愿意投入时间、人力、资金、物力等对数据进行深度挖掘，找出事物之间的关联，探究数据背后的因果。毕竟，数据蕴含着巨大的价值，数据量越大，数据价值越高。海量数据的产生、获取、挖掘及整合，将展现出巨大的商业价值。农业大数据价值发现存在于农业生产流通的各个环节，将大大改变现代农业的运行体系和模式。

1) 农业生产更加精准化、智能化

运用大数据的理念、技术和方法手段，通过数据的精准采集、可靠传输、科学分析和快速利用，能够实现农业生产各个环节的精准管理。以精细农业为例，通过收集植物生长环境的温度、湿度、土壤养分、空气、阳光、病虫害等生产环境信息以及植物生理数据，实施精准施肥、精准灌溉等，实现对植物生长精细控制，进而大大提高水、肥利用率，增强水肥效果，同时减少对环境的污染。目前，现代信息技术广泛应用于农田管理、农作物栽培管理、农作物病虫害防治、畜禽饲养管理等过程中，农业生产智能化控制、精准化运行和科学化管理，进而实现农业生产高产、高效、优质、生态、安全的目标。

2) 农产品流通更有序

农产品价格波动频繁，菜贵伤民，菜贱伤农的情况时有发生，小农户与大市场矛盾突出。小农户与大市场的本质在于信息不对称，小农户掌握的数据不全，或者数据不能转换为信息，导致农户生产决策失误。通过整合现货市场、期货市场的交易数据，农业大数据为农户展示数据背后的社会经济规律，为农户提供可供参考的决策建议，提高农户对数据的理解和应用能力，从根本上解决小农户与大市场的信息不对称问题，实现农产品的有序流通。

3)农业管理决策更科学

“十一五”期间，各级农业部门加快政务信息化建设，尤其是金农工程的全面完成，农业部门政务信息化水平明显提高。农业资源基础数据库、农村经营管理系统、农业应急指挥系统、农产品质量安全管理系统、农业生产监测系统、农业市场信息监测系统等已初步建成，各种农业基础数据采集、管理体系相对完善。通过大数据分析，可以对农产品产量、质量、需求结构做出更科学的判断，帮助政府科学决策，并及时采取措施对市场进行必要的干预，大大提高各级农业部门的履职能力、丰富监管手段、提升服务水平，使三农管理将更加高效透明和科学化。

4)农业信息服务灵活便捷

通过农村农业信息化，实现信息数据资源和应用系统在全国范围内共享集成，实现低成本、灵活的信息服务。农村用户还可以定制自己所需要的信息，相关信息系统则通过信息精准推送技术，将个性化的涉农信息通过手机、信息机等低成本智能终端主动发送给农村用户。这些涉农信息可以及时辅助农民进行生产和经营决策，从而大大减少生产和经营的盲目性，减小农产品市场波动，有助于规避市场风险，为农民增收提供信息支撑。

5)提升农业农村信息消费

近年来，全球范围内信息技术创新不断加快，信息领域新产品、新服务、新业态大量涌现，不断激发新的消费需求，成为日益活跃的消费热点。大数据环境下，涉农信息资源的集成和共享速度加快，农业信息消费具有良好发展基础和巨大发展潜力。

7.2 农业大数据发展展望

7.2.1 发展农业大数据的意义

近年来我国农业农村信息化建设取得了重大进展，农业信息技术研究取得了新的突破，农业信息技术已成为解决“三农”问题、建设社会主义新农村、发展现代农业的高端前沿技术。十八大报告提出“坚持走中国特色新型工业化、信息化、城镇化、农业现代化道路，促进工业化、信息化、城镇化、农业现代化同步发展。”信息化建设提到了前所未有的高度。与此同时，农业领域数据量大、结构复杂的问题突出，积极推动农业大数据发展，意义明显。

(1) 快速处理庞大的农业数据。我国农业包括种植业、林业、畜牧、水产、农机、加工等子行业，涉及 7 亿农民、18 亿亩耕地、186 万个乡村组成。农业行业巨大、经济和社会活动复杂，每天都在产生着大量与农业生产、农业资源、农产品市场、农村管理相关的信息。随着农业物联网采集体系的发展，预计未来 5 年我国农业数据将达到 ZB 级别。农业大数据不仅数据量庞大，而且还具有结构复杂、数据类型多样等特征，特别是其中蕴含巨大的应用价值，这类数据依赖传统技术难以处理应用，有赖大数据技术完成。

(2) 解决农业数据分散问题。目前我国数据采集主要由各级政府完成，数据资源也为政府不同部门所掌控。由于存在横向按行政划分的各级政府部门和纵向按行业划分的不同的各职能部门，所以数据资源也形成了“条”和“块”。在 20 世纪 90 年代信息化初期涉农部门按照自己的计划，有建设自己的农村信息服务平台、网络、基层站点和数据库。部门各自为政，软件技术标准不一，基础数据重复采集，数据不一致，也不能共享，造成“条块分割”。近年来，随着金农工程和农村信息化示范省项目的推进，农业信息共享程度大为提高我国农业数据分散状态仍未彻底改变，很多单位之间的数据关联、集聚、共享、价值的深度挖掘还不够，造成数据计算、可视化、结果呈现等方面的困难，亟需应用大数据技术完成数据的集成和应用。

(3) 向亿万农户提供垂直服务。我国农村受地理位置、人文和自然环境等条件的制约，经济状况差别大，生产经营多种多样，再加上经营规模小、经营者文化水平低等问题，亿万农户缺乏的不只是通用信息，更缺少的是“一对一”的垂直服务。由于缺少垂直服务，农户只能得到通用的农业信息，而不能得到针对该农户“一对一”的技术、市场、生产、流通等信息，造成增产增收难。而通过农业大数据技术，不仅可以为农户生产经营提供“一对一”精确的生产性指导，还通过开发直达农民家门口的农村智能大数据分析系统，让农民对市场、政策、生活的预期更加准确。

(4) 提高政府决策能力。信息技术的发展丰富了信息来源和类型。首先政府统计部门收集的数据来源更广更多，有各个部门的行政记录，有电商企业的数据，有包括搜索记录、社交记录和媒体等互联网数据。其次，非结构化数据大量涌现，比如图像、文本、日志等。这些数据都从微观层面反映了农业生产经营和农村社会的方方面面，但也加大了政府决策中信息采信的难度。如果利用大数据技术把现有的这些农业数据收集起来进行深入的分析和挖掘，就会发现这些农业数据当中隐藏的更深刻的规律和现象，就能更好地服务于各级涉农部门决策，而农业大数据的真正价值就体现在为农业宏观管理提供信息基础。

7.2.2 农业大数据发展面临的问题

大数据在互联网、金融、电商等行业取得了很大成功，其影响力日趋明显。然而，由于农业属于弱质行业，信息技术在农业领域中的应用相对落后，农业大数据发展还存在诸多问题。

1）国家层面的政策、机制缺乏

当前，各国政府、社会组织都意识到大数据这场旋风所带来的机遇，加快推动农业大数据战略。但是我国政府仍没有制定、出台相应的农业大数据发展规划和政策，专门的资金配套支持也相对缺乏。跨行业、跨领域的数据共享与分析是农业大数据的核心，现有的国家农业数据共享机制，已不能满足农业发展和科技创新对农业数据资源的需求。在现有的政策和机制下，农业大数据技术体系难以构建，应用难以落实与创新，不利于我国农业大数据的快速发展。

2）农业大数据认识不清楚，需求不明确

随着农业物联网的兴起、云计算技术的发展、各类农业传感器等嵌入系统的广泛应用都使得取得的数据量在短时间内激增。每 18 个月，甚至每 10 个月，需要处理的数据量就会翻一番。在这一背景下，现有的数据分析工具在数据的表示方法、计算模式、价值挖掘技术等领域遇到了瓶颈。然而，我国农业大数据的研究尚处于摸索阶段，大数据的研究方向还不太明朗。对农业大数据的研究不能将大数据技术完全照搬到农业，而应该结合农业的特征，进入深入分析和探讨，进一步从海量的农业数据中获得到有价值的信息。目前，基于大数据技术的成功案例已有不少，在农业领域的应用也有一些成功案例。我国农业大数据潜力大，数据资源差异性强，但是对农业大数据的具体需求尚不明确，如何能寻找一个比较好的关注点，实施农业大数据技术的相关研究工作，并且在全国范围内进行应用推广，是农业大数据的主要问题。

3）农业大数据技术体系不完善，数据标准欠缺

农业数据类型的多样化，对传统的数据分析平台发出了挑战。多样数据类型的知识服务逐渐取代了单一数据类型的数据服务。随着数据规模的不断增大，算法效率和技术体系架构逐渐成为数据分析流程的瓶颈。发展农业大数据需要对现有架构、组织体系、资源配置和权力结构进行重组，突破一批关键核心技术，如数据深度挖掘技术、新的数据表示方法、高通量计算机等，现有的技术仍难以满足农业大数据的应用需求。另外，我国农业数据采集、传输、存储、管理缺乏统一标准，农业大数据难以形成规模。农业数据采集缺乏标准，直接导致了不同数据源之间的数据难以融合；农业数据存储缺乏标准，不同数据结构存储的数据难以集成；农业数据管理缺乏标准，导致农业数据相关的应用稀少。

4) 农业大数据资金支持力度不够，创新人才缺乏

目前，农业大数据发展缺乏专门的资金配套支持，农业大数据技术体系难以构建，应用难以落实与创新，不利于我国农业大数据的快速发展。当前我国农业大数据发展中，农业大数据创新人才队伍欠缺：一是进行农业大数据分析的资深分析型人才；二是农业大数据应用的管理者和分析家；三是农业大数据技术实现的专业技术人才。农业大数据人才的缺乏严重阻碍了我国农业大数据的发展。

7.2.3 农业大数据发展前景

农业受自然、社会、经济、技术等多因素影响，生产、流通、消费变化难以预测。而农业大数据决策服务将有助于解决这一问题，这类研究有望在政府决策和农村服务中取得革命性的创新成果。中国工程院院士汪懋华在 2014 年 2 月“科学数据大会”上表示，现代农业发展对大数据科学的应用需求巨大，应当加强农业大数据应用研究。因此，农业大数据研究必会受到政府部门、学界和 IT 企业的高度重视，在技术上也将获得革命性进展。

1) 农业大数据技术的应用将加快农业信息化的进程

农业信息化是改造传统农业、发展现代农业的必然选择。农业信息服务具有很强的实践应用特点，近年来，物联网、移动互联、云计算、3S 等新一代信息技术及智能农业装备在大田种植、畜禽养殖、水产养殖、设施园艺、农产品流通及农产品质量安全等领域的应用逐渐增多，产生了来源多样、类型不一、用途各异的海量数据，用大数据技术对这些数据进行有效的采集、整理和开发利用，有利于形成完整、可循环的农业数据链条，促进农业生产经营的数字化、智能化、精准化和可视化，实现科学管理，避免“只有数据、没有利用”，消除城乡数字鸿沟和信息孤岛，推动农业信息技术的推广，使单项信息技术应用向综合技术集成、组装和配套应用转变成为可能，加快农业信息化进程。

2) 农业大数据技术的应用将促进产学研等的有效结合

“大数据”这一概念不仅是数据和技术的创新，更是一种思维变革。大数据技术能够为政府决策当智囊，为企业管理做支撑，为学科发展建平台，为管理升级供手段，农业大数据研究需要多学科协同攻关，实践证明，组建农业大数据产业技术创新联盟是一种可行的协同机制，将促进产学研等各方面有效结合。2013 年 6 月，山东成立国内首家农业大数据产业技术创新战略联盟就是很好的例证，其涵盖政府部门、高校、科研单位、IT 企业、农业企业等各方面，跨行业效应渐显。农业部正在积极推动国家农业云服务平台建设，选择了天津、上海和安徽开展首批“物联网区试工程”，逐步构建以 12316 热线为纽带，村级信息员为窗口，乡镇信息点为依托，县有服务中心、省有云服务平台的全国农业信息服务体系，提出运用大数据技术深

度挖掘分析，提供信息支撑。这些都为农业大数据技术的应用提供了条件，有助于破解产学研脱节难题。

3）农业信息服务领域大数据示范应用有望很快实现突破

尽管大数据的技术门槛较高，但农业信息服务领域大数据示范应用仍有望很快实现突破。首先，在国家相关项目支持下，我国在农业数据的标准化与语义描述、多源农业异构数据的时空转换与尺度融合、异常数据自动探测、冗余矛盾数据清洗、农业信息语义分类等方面已经取得突破，为农业大数据智能处理提供了基础技术。第二，随着农村信息化示范省项目逐渐深入开展，促成了耕地、播种、产量、农药、肥料、农膜、饲料、种畜禽、疫病、农机、农产品质量检测、市场供求、物流监控、气象、土壤、水利、环境资源等各类涉农大数据的共建共享，为农业大数据决策提供了数据保障。

7.3 农业大数据发展政策建议

7.3.1 制定我国农业大数据发展战略

全球发达国家已经充分认识到大数据时代的发展趋势，纷纷将大数据上升为国家战略。美国是第一个将大数据发展上升至国家战略并制定行动计划的国家。2010年，美国总统科学技术顾问委员会呈给奥巴马总统和国会的报告——《规划数字化的未来》是全球首次在政府层面将大数据作为国家战略的里程碑事件。2010 年 1 月，英国政府正式上线数据开放网站，数据开放成为英国新政府的一个前进方向，同年5 月，卡梅伦政府又提出了“数据权”的概念，并向全社会开放了英国政府 2005 年以来公共开支的全部原始数据。2011 年 4 月，英国劳工部、商业部宣布了旨在落实、推动全面数据权的新项目：“我的数据”。即使是商业机构收集的数据，只要记录的是涉及个人的信息，个人都有权查看和使用。2011 年 5 月，澳大利亚政府公布了《国家数字经济战略》报告，旨在确保 2020 年前基本完成国家宽带网络的物理建设，使澳大利亚成为世界数字经济的领军者。随着大数据发展战略得到全球各国的高度重视，联合国秘书长执行办公室于 2009 年正式启动了“全球脉动”(Global Pulse)倡议项目，旨在推动数字数据和快速数据收集和分析方式的创新。中国已经步入大数据时代，这种重视是由政府层面自上而下进行普及的，可能还未普及到普通百姓层面，但各级政府已经有了高度重视。邬贺铨院士也曾表示：“我国将产生全球最大量的数据，要重视大数据的开发利用和管理。”

党的“十八”大提出到 2020 年全面建成小康社会、实现两个翻一番及“四化同步”发展的战略目标，手段是“实施创新驱动发展战略，建立创新型国家”。要实现党中央“十八”提出的战略目标，农业与农村发展目标是关键。当前，我国农业发展面临的资源环境约束不断加剧，已经进入必须依靠科技进步推进农业现代化的历史新阶段。大数据时代已经来临，对于传统行业来说既是机遇，也是挑战，如何应对？如何利用？这是一个很大的课题。在传统产业中，农业作为第一产业，具有基础性的作用。在大数据时代，农业与大数据必然发生各种联系，通过大数据带来的技术突破推动农业迈向全面信息化时代，通过农业的快速发展推动大数据更加落地，产生实效。

农业大数据是大数据理念、技术和方法在农业领域的实践。在农业领域，农业生产和科研中产生了大量的数据，特别是ICT在农业应用越来越深入，农业数据也将很快到ZB级。这些数据的集成和未来的挖掘、使用，对于现代农业的发展将会发挥极其重要的作用。当前农业领域存在诸多问题，如粮食安全、土壤治理、病虫害预测与防治、动植物育种、农业结构调整、农产品价格、农副产品消费、小城镇建设等领域，都可通过大数据的应用研究进行预测和干预。大数据的应用与农业领域的相关科学研究相结合，可以为农业科研、政府决策、涉农企业发展等提供新方法、新思路。

实际上，农业大数据的集成和未来的数据挖掘与应用对于现代农业的发展具有重要作用。对于农业大数据研究和实施，需要充分调查农民的实际需求，对农业和农村市场充分了解。这是因为农业大数据渗透到耕地、播种、施肥、杀虫、收割、存储、育种、销售、消费等各环节，能够帮助农业实现跨行业、跨专业、跨业务的发展，并对农业管理进行适度调整、利用数据信息可以提高农业生产效率、不断改善农业环境等。

我国政府应明确农业大数据发展的战略地位，尽快开展战略性研究。组织各方力量进行专项研究，从国家层面通盘考虑我国农业大数据发展战略，推动大数据的收集、分析和应用。建议联合科技部、农业部、工信部、商务部、国家食药总局、国家林业局、国土资源部、发改委、财政部等部门组织对农业大数据进行研究与利用，推动农业大数据应用工作，提升科学决策能力。制定技术发展路线图，实现基础领域和关键技术突破，加快推进科学和工程领域的创新；出台农业大数据产业发展规划，指导农业大数据产业发展和应用示范，防止信息孤岛，推动经济社会各领域的大数据共同开发与利用；加强数据立法、推动数据整合开放工作；研究制定安全防范举措，保护国家安全、公民隐私；增强数据意识，强化数据素质，形成农业大数据发展的良好环境。

7.3.2 突破农业大数据关键技术

1)农业大数据获取技术

农业大数据获取是指利用信息技术将农业要素数字化并进行有效采集、传输的过程。目前，农业领域的数据积累还处于相对初级阶段，达不到电信、金融、互联网等领域的数据积累水平。随着自动化、智能化、泛在化信息终端的大量涌现，农业数据采集、获取的方式发生了巨大变化，数据获取的精度、广度、频度大幅度提高。与此同时，应重点突破农业生产环境数据获取、生命信息智能感知、农田变量信息快速采集、农产品市场经济数据采集、农业互联网数据获取等关键技术，实现农业大数据的快速、高效积累。

2）农业大数据存储与管理技术

数据库技术农业领域起步较早，1994 年我国农林数据库已达 71 个。然而大部分农业数据库都以传统关系型数据库（RDBMS）为主，强调数据的一致性。就目前来看，农业气象数据库、林木病虫害管理数据库、植保机械数据库等农业专题数据库大量涌现。针对海量的结构化、非结构化数据存储需求，基于分布式的存储方案在不断发展。然而，大数据时代，面对海量的半结构化和非结构数据，传统关系数据库所固有的局限性，如峰值性能、伸缩性、容错性、可扩展性差等特性，使其不能满足数据总量超大规模、处理速度要求高、海量数据柔性管理和数据类型异质等需求，关系数据管理技术丧失了优势。世界数据处理市场格局正在发生革命性的变化，传统数据库（OldSQL）一统天下变成了 OldSQL+NewSQL+NoSQL+其他新技术（流、实时、内存等）共同支撑多类应用的局面，具有高可扩展性、高性能、容错性、可伸缩性等特点的海量数据管理系统逐渐成为主流。农业大数据存储与管理应该建立支持多种数据存储模式的一体化数据存储体系。

3）农业大数据处理技术

农业生产相对落后，各种信息技术在农业领域中的应用也明显落后于工业等其他领域。就农业数据处理来讲，大部分的农业数据处理还属于离线的、小批量的数据处理，对于分布式、高性能计算的需求不是特别强烈。一些流数据处理技术，符合农业物联网实时监控等技术需求，但研发应用还相对落后。然而，在农业科研领域，基因计算、蛋白模拟等对计算的需求非常强烈，高性能的数据处理平台应用也相对普遍。农业大数据应该根据农业领域的业务需求，结合批量数据处理、流式数据处理、并行数据处理等大数据处理架构，不断探寻农业大数据处理的业务需求点，研发适合于农业大数据处理的技术与平台。

4）农业大数据分析技术

大数据分析技术最初起源于互联网行业，网页存档、用户点击、商品信息、用户关系等数据形成了持续增长的海量数据集。这些大数据中蕴藏着大量可以用于增强用户体验、提高服务质量和开发新型应用的知识，而如何高效和准确的发现这些知识就基本决定了各大互联网公司在激烈竞争环境中的位置。农业大数据的研究最终必然以数据分析为终结点，通过分析，获得农业大数据中潜在的价值和规律。农业大数据分析技术不排斥传统的数据分析技术，如关联分析、聚类分析、分类、预测、时序模式、偏差分析等技术。与此同时，重点突破一些新兴的面向非结构化和半结构化的数据分析技术，如可视化分析技术、网络分析技术、数据关联融合分析技术等。

7.3.3 加快建设农业大数据研究中心和重点工程

农业积累了大量的数据，覆盖了耕地、播种、施肥、杀虫、收割、储藏、育种、销售、消费等各环节。但是这些数据很多都相对孤立和封闭，往往不向外界开放，形成了信息孤岛，而大数据的关键在于分享。信息孤岛，通常是指应用功能互不关联，各自建设、信息不共享互换。目前政府的信息、农民生产的信息、市场信息以及科研机构的农业信息还是一个个孤岛，信息的互联共享还不够。农业大数据发展必需突破信息孤岛效应这一瓶颈，建议政府各部门能够有偿的公开、分享数据，使得各自数据能够有效地整合起来，使得数据的深度价值得到挖掘。关于这一问题，一些政府部门也有清醒的认识，开始寻求解决方案，这是受自身的需求驱动的。比如，一些政府部门原来不愿分享自己的数据，但现在开始寻求数据交换伙伴，因为他们逐渐意识到单一的数据是没法发挥最大效能的，部门之间相互交换数据已经成为一种发展趋势。同时，随着各方面的发展及政策的推进，很多以前不公开的数据也逐渐公开了，这对大数据的发展都是有力的支持。

在农业部印发《2014 年种植业工作要点》中，农业部要求各地推进配方肥到田和施肥方式转变，重点解决“看病、开方”后的“抓药、用药”问题，利用“大数据”与相关化肥生产企业合作推广配方肥。同时还开展测土配方施肥手机信息服务和新型经营主体科学施肥示范试点，提高肥料利用效率。这说明，政府已经开始重视农业大数据研究，将大数据研究和应用惠及给广大农民，使之逐渐成为农民增收、农业增产的好帮手。随着 4 G 时代的到来，数据移动互联网成为最重要的信息平台，数据采集和服务能力将在农村地区得到较大提高，为智慧农业发展带来契机。

我国政府已经认识到大数据技术在农业现代化发展中的重大作用，但是需要有序、有层次的展开农业大数据研究与应用。优先选择拥有丰富数据资源和技术优势的科研结构和企业，开展农业大数据采集、存储、传输、挖掘、分析、应用等研究，并以之为基础面向公众逐渐地提供各种类型的信息服务。根据农业领域应用的重点需求，应重点推动国家农业大数据研究与应用中心建设，积极部署农业大数据重点工程。

1) 建立国家农业大数据研究与应用中心

大数据技术的发展为数据管理开辟了一条新的道路，这也为数据集成创造了新的机会。高质量的数据对于数据集成项目的成功具有关键的作用，而不关心数据质量的数据集成注定将会失败。农业开始迈进了农业大数据时代，各类农业数据传感器、移动设备、计算机正在持续地创造着越来越多的数据。爆炸式增长的结构化、非结构化数据创造着巨大的机遇。但是大部分数据缺少关联、结构异构、语义异构，这些给大数据技术应用带来了巨大问题，怎么解决这个问题呢？

从根本来说，农业信息化的目的是为了降低沟通成本、提高工作效率、增强科学决策能力，从手段上是将分散、无序、无时效的农业数据变成有序、可分享、有时效、可追溯的数据。但是，我国大多数城市的农业管理主体分散在不同的主管部门，呈现条块分割的现象，每个部门都有自己的信息化系统，使得这些数据信息只保存在垂直业务和单一应用中，与邻近业务缺乏共同联动。分散管理必然会造成交通碎片化，农业信息分散且信息内容单一等，而真正的大数据则要求建立农业大数据体系，通过将不同范围、不同区域、不同领域的数据加以整合，构建公共农业信息集成利用模式，发挥整体农业信息利用性能，这样才能挖掘数据价值。

美国已经实现从拖拉机联合收割机以及其它农机设备上采集农产品相关信息，统计分析土壤条件，播种量，作物产量等参数，进而充分为农民提供诸如种子采购，播种品类及面积等方面的指导，帮助农民以同等数量的土地生产更多粮食。美国农业正进入一个大数据新时代，中国必需抓紧时间，加大农业大数据技术研发与应用，但是农业大数据应用建设涉及多部门、多领域，协调困难，阻碍了基础信息资源的互通和共享。因此，不仅仅是技术问题，核心问题是管理。

因此农业大数据技术研究和应用建设，也应由科技部、农业部牵头，依托相关涉农研究所以及相关高校，依托现有宽带网络、数据中心、云存储与计算设施等基础设施，筹备建立国家农业大数据研究与应用中心。该中心负责制定各类数据采集与交换标准规范，实现网络数据、科研数据、农业生产数据的采集和整理，降低数据资源共享门槛，通过合理方式向社会开放共享；实现数据多方位、多层次、多学科的集成，能够动态处理实时采集数据、存储、自动归类、挖掘、分析等全信息链，最终面向国内外推广农业大数据的应用服务，推动数据价值发现。

2) 部署重点农业大数据应用工程

互联网与大数据是长期发展趋势，一定要抓住机遇，分步实施，重点建设。在农业领域，应逐渐形成农业大数据产业，要逐步延伸产业链，向上游的云存储、云计算扩展，同时向下游的各类服务终端产品延伸，构建起基于一体化采集平台的完整产业链条，才能迎接大数据在农业领域产生的挑战与机遇。

农业大数据应用工程应坚持以市场应用、农业生产、预警监测等为导向，推进云计算数据中心集群建设，开展数据存储服务，形成数据资源洼地，并通过实施大数据关联项目，加快移动互联网产业在农业领域中的发展，积极吸引具有行业影响力的大数据企业加入农业大数据应用工程的建设，大力开展数据采集和监测，提供数据挖掘和分析、商业智能等软件研发，为政府、企业乃至各种类型单位的决策和发展提供支持，为公众提供便捷的服务。

我国农业信息化一直存在政府部门多头并进的问题，出现了条块分割、各行其道的局面，导致信息化服务的成本高、收益差。当前农村经济社会环境决定了农业信息化建设的复杂性、艰巨性，导致农业信息资源利用有待改善。另一方面，我们的信息化基础设施已逐步完善，但是要发挥农业信息化价值，必需要实现共享，特别是数据的共享。在这种背景下，大数据技术给农业信息化发展带了新的理念，新的方向。因此，我们必须抓紧大数据带来的机遇与挑战，发展农业大数据行业，重点实施重大农业大数据应用工程。紧密围绕国家在粮食安全、农产品质量与食品安全、农业科技创新等方面的重要战略需求，实施重大农业大数据应用工程，如基于农业大数据的国家粮食安全保障工程，重点部署面向基因资源数据挖掘与利用、农业病虫害数据分析预警、农产品价格监测与预警、农业现场信息感知与智能决策等大数据技术研发与应用；基于农业大数据的食品安全放心工程，重点部署食品质量安全风险分析与预警、食品质量全程监管溯源、食品物流等方面的技术研发；基于农业大数据的农业科研创新工程，重点部署农业科研大数据融合处理、农业科研大数据智能分析等方面的研究应用。

7.3.4 推动农业大数据应用集成共享

大数据时代下，关于如何运用大数据创造大价值是非常重要的问题，尤其对于用户而言，制定正确的大数据战略显得尤为重要。大多数过去建成的异构数据源、应用系统已不能满足现代农业信息化的需要，迫切需要构建现代化农业数据中心，建立完整、统一的数据资源共享体系，实现数据共享和数据在各系统间的有序流动。目前，主要做好以下两个方面的工作：

(1) 做好数据集成。充分开发利用大数据，还需要做数据集成工作。之前信息化主要关注的是系统集成或业务集成，政府和科学界则更多关注农业数据集成。不论是农业信息系统还是业务，相对于数据都是处于应用或展现层面，而数据集成则是在最底层，更为趋近于事物本源。数据集成要从顶层设计开始，制定好相关的标准，一定要从数据本身的性质和源头来考虑，不要以经验做假设。数据一旦被集成存储到数据库中，就成为了一种可以被无限的重复利用的资源，使数据更能发挥它的价值。

(2) 强化农业数据应用。收纳大数据和数据集成都不是最终目的，大数据的重点是数据应用。数据应用有很多种，传统的应用如农业专家系统、农业数据仓库、配方施肥等，主要关注业务功能本身，没有过多考虑蕴藏在数据中的事物规律，没有关注事物的主要矛盾。日本宫崎县西南部的“都城”市已经开始利用云和大数据进行农业生产。通过传感器、摄像头等各种终端和应用收集和采集农产品的各项指标，并将数据汇聚到云端进行实时监测、分析和管理。在英国，大部分农场已告别了手工挤奶，自动挤奶设备普及率达 90%以上。机器人的作用不仅仅是挤奶，还要在挤奶过程中对奶质进行检测，检测内容包括蛋白质、脂肪、含糖量、温度、颜色、电解质等，对不符合质量要求的牛奶，自动传输到废奶存储器；对合格的牛奶，机器人也要把每次最初挤出的一小部分奶弃掉，以确保品质和卫生。目前，英国大多数养牛和养猪、养鱼场都实现了从饲料配制、分发、饲喂到粪便清理、圈舍等不同程度的智能化、自动化管理。随着农业大数据的发展，许多传统传统方法不能解决的诸多问题也会迎刃而解。

以上两大工作可以帮助农业领域更好的利用大数据创造价值，可以根据自身的实际情况，制定符合自身实际的大数据战略。

1)农业数据集成

随着农业数据爆炸式增长，农业逐渐迈入了农业大数据时代。每时每刻，数以亿计的计算机和移动设备正在持续地创造着越来越多的数据。人类已经进入以数据为中心的时代，也即："大数据"时代。在这个时代里，数以亿计的计算机和移动采集设备产生海量级的数据。这些数据包括结构化、非结构化数据，覆盖农业生产、生态环境、经营管理、农情监测和农业资源管理等领域。

由于农业数据涉及领域较多，区域性强、季节性强，我国农业信息资源分布在不同区域的服务器和数据存储设备上，各个地区之间缺少联系，使得各种农业信息资源独立存在，这不可避免的导致了"信息孤岛"现象的存在。"农业信息孤岛"，造成了不同部门间的数据信息不能共享，造成整个信息系统中存在大量冗余数据、垃圾数据，无法保证数据的一致性，严重地阻碍了农业信息化建设的整体进程。农业大数据发展必须突破于信息孤岛效应这一瓶颈，建议各政府各部门能够有偿的公开、分享数据，使得各自数据能够有效地整合起来，使得数据的深度价值得到挖掘。解决农业信息孤岛问题，就需要研究农业数据集成。农业数据集成就是将若干个分散农业数据源中的数据，逻辑地或者物理地集成到一个统一的数据集合中，并能让用户以透明的方式、统一的接口来访问这些数据源。大数据技术发展，为农业数据集成发展提供了新机遇，它不仅关于数据聚集，更关于数据质量，并从中挖掘出更有价值的信息。

在数据集成技术方面，要更多是利用包括 Hadoop 等大数据技术，以及 NoSQL 数据库技术。农业据集成可以满足农业信息化的信息需求，使更多的人更充分地使用已有数据资源，减少资料收集、数据采集等重复劳动和相应费用，实现数据源的凝聚放大效应，形成以数据驱动的各种农业信息服务、管理和决策。因此，农业信息集成研究方向将以数据虚拟化为导向，利用大数据技术实现集成框架，实现集中交换、分发、调度、管理农业数据。

2)农业信息应用系统集成

海量的大数据无疑对农业信息化系统和服务蕴藏着业务的新机遇，为了抓住新的机遇，农业信息化应用系统正面临着新的变革，一个拥抱全新架构和部署方式的时代正在到来。在新型大数据时代里，农业信息化应用系统具有交互性、灵活性、云计算的弹性、分布性等特点，它能与其他系统，甚至其他行业系统进行业务交融。因此，必须从大数据技术、数据标准(接口、协议)、互操作等几个角度考虑，将各个分离的设备(如个人电脑)、功能和信息等集成到相互关联的、统一和协调的系统之中，使资源达到充分共享，实现集中、高效、便利的管理。采用功能集成、网络集成、软件界面集成等多种集成技术。在农业大数据年代，必须充分重视应用系统集成，将利用大数据技术改造传统产业和产品作为我国农业信息化战略中的重要环节。

7.3.5 建立农业大数据人才队伍

我国应明确大数据发展战略地位，尽快开展农业大数据战略性研究，重点投资农业大数据技术研发，加大专业人才培养力度。培养一批大数据产业推广应用人才，2014 年，清华大学与青岛市人民政府签署共建合作协议，成立清华-青岛数据科学研究院。同时，清华大学将推出多学科交叉培养的大数据硕士项目，今年 9 月份，第一批大数据硕士学位研究生将正式开始培养。陈吉宁宣布研究院成立并表示，成立数据科学研究院，是推动清华大学新百年发展的一项重要举措。他认为，大数据的运用，将颠覆人们的传统认知，促发思维模式、行为方式、研究范式的深刻变化，推动基础理论和学术思想的重构乃至社会的重大变革。作为一种新型战略资源，大数据在农业领域也引起了政府、学术界的高度重视，一批农业院校和科研机构成立研究机构，开设相关课程，对农业数据发展，推动人才培养具有重要的意义。

从国家层面来讲，应启动“农业大数据研究计划”，系统推动大数据产学研合作，设立重大基础科学研究项目和国家支撑计划研究项目群(“863”重大项目或“支撑计划”重大项目)等专项资金，整合电子发展基金、云计算专项、物联网专项等项目，支持农业大数据技术的开发、研究和应用示范，引导企业加大研发力度，支持大学与科研院所“大数据研究中心”建设，实现关键技术突破，推广技术应用，努力取得对未来有重大影响的原创性成果。以我国农业信息化人才战略为牵引，通过多学科交叉融合，努力培养具有农业大数据思维和创新能力的复合型人才。依托千人计划、万人计划，引进和培育一批大数据研发与应用人才团队；依托优势单位、创新团队、优秀人才，组建农业大数据研究队伍；创造条件，加快农业大数据人才的培养，保障农业大数据研究与应用的长期、持续发展，为农业大数据在中国更好更快地发展保驾护航。未来，在农业领域，大数据中高端人才应成为最炙手可热的人才，包括大数据的工程师、规划师、分析师、架构师、应用师等多类人才。

参 考 文 献

鲍翠梅. 2013. 面向大数据时代的图书馆知识服务. 现代情报，33(10): 33-36

陈国良. 2012. 计算思维导论. 北京: 高等教育出版社

陈明. 2009. 分布计算应用模型. 北京: 科学出版社

陈明. 2013. NoSQL 数据库系统. 计算机教育，(11): 107-111，26

陈明. 2013. 分布式系统设计的 CAP 理论. 计算机教育，(15): 109-112

陈明. 2013. 数据密集型科研第四范式. 计算机教育，(9): 103-110

陈明. 2013. 大数据问题. 计算机教育，(5): 103-110

陈明. 2014. MapReduce 分布编程模型. 计算机教育，(1): 104-117，27

陈明. 2014. 大数据分析. 计算机教育，(5): 122-126

陈明. 2014. 大数据概论. 北京: 科学出版社

陈威，郭书普. 2013. 中国农业信息化技术发展现状及存在的问题. 农业工程学报，29(22): 196-205

陈一飞. 2012. 农业复杂大系统的智能控制与农业物联网关系探讨. 农业网络信息，(2): 8-12

陈雨霏. 2013. 农业大数据的跨界旋风. 中国农村科技，(219): 20-23

陈仲新. 2012. GEOSS 背景下的农业遥感监测. 中国农业资源与区划，33(4): 5-10

程莹，张云勇，房秉毅，等. 2011. 云计算时代的数据库研究. 电信技术，(1): 28

戴起伟，曹静，凡燕，等. 2012. 面向现代设施农业应用的物联网技术模式设计. 江苏农业学报，28(5): 1173-1180

董荣胜 古天龙. 2002. 计算机科学与技术方法论. 北京: 人民邮电出版社

范凯. 2010. NoSQL 数据库综述. 程序员，(6): 76-78

方巍，郑玉，徐江. 2014. 大数据: 概念、技术及应用研究综述. 南京信息工程大学学报(自然科学版)，6(5): 405-417

顾小清，李雪. 2008. 信息化科学研究及其教育应用综述. 开放教育研究，14(4): 15-21

郭华东，王力哲，陈方，等. 2014. 科学大数据与数字地球. 科学通报，59(12): 1047-1054

郭雷风，王文生，李秀峰. 2013. 基于云计算的农业科研创新信息服务平台设计. 安徽农业科学，41(7): 3203-3205，3210

韩秀梅，张建民. 2006. 农业遥感技术应用现状. 农业与技术，26(6): 32-35

何东健，何勇等. 2011. 精准农业中信息相关科学问题研究进展. 中国科学基金，1: 10-16.

何勇，聂鹏程，刘飞. 2013. 农业物联网与传感仪器研究进展. 农业机械学报，44(10): 216-226

侯均达. 2013. 大数据背景下农业信息化的发展. 青年与社会，535(9): 250

黄伯仲. 2012. 超大规模数据可视化分析十大挑战. 中国计算机学会通讯，8(9): 38-43
贾兴华，张云勇，陈清金，等. 2011. 基于云计算的上网记录查询分析系统. 电信技术，(10): 27-30
金珊，沈蕾，王大鹏. 2014. 移动互联网大数据关键技术. 电信网技术，(7): 30-34
李国杰. 2012. 大数据研究的科学价值，中国计算机学会通讯，8(9): 8-15
李国杰，程学旗. 2012. 大数据研究：未来科技及经济社会发展的重大战略领域——大数据的研究现状与科学思考. 中国科学院院刊，27(6): 647-655
李航. 2013. 从大数据中挖掘什么. 中国计算机学会通讯，9(6): 36-39
李娜. 2011. 科研协同信息平台服务内容分析与服务体系构建. 情报科学，29(9): 1370-1373
李秀峰，陈守合，郭雷风. 2014. 大数据时代农业信息服务的技术创新. 中国农业科技导报，16(4): 10-15
李秀峰. 2005. 中国农业科研信息化工程总体设想. 农业网络信息，(10): 32-36
零芷婕. 2010. 数据挖掘技术及其在高校图书馆中的应用. 内蒙古科技与经济，(10): 153-154
陆嘉桓. 2012. Hadoop 实战. 北京：机械工业出版社
罗锡文，张泰岭，洪添胜. 2001. “精细农业”技术体系及其应用. 农业机械学报，32(2): 103-106
马费成，李东旻. 2005. 对应分析法对差异性网站评价的比较研究. 情报科学，23(3): 321-328
马帅，李建欣，胡春明. 2012. 大数据科学与工程的挑战. 中国计算机学会通讯，8(9): 22-28
孟宪学. 2002. 关于中国农业科研信息化的思考. 农业图书情报学刊，(2): 1-4，24
孟小峰，慈祥. 2013. 大数据管理：概念、技术与挑战. 计算机研究与发展，50(1): 146-169
秦长江. 2008. E-Science(科研信息化)对现代科学的影响. 科技进步与对策，25(8): 143-145
宋琳琳. 2005. E—Science 发展情况简介. 图书馆学研究，(7): 21-23.
宋维静，刘鹏，王力哲，等. 2014. 遥感大数据的智能处理：现状与挑战. 工程研究-跨学科视野中的工程，6(3): 259-265
宋亚奇，刘树仁，朱永利，等. 2013. 电力设备状态高速采样数据的云存储技术研究. 电力自动化设备，33(10): 26
孙忠富，杜克明，尹首一. 2010. 物联网发展趋势与农业应用展望. 农业网络信息，(5): 5-8，21
孙忠富，杜克明，郑飞翔，等. 2013. 大数据在智慧农业中研究与应用展望. 中国农业科技导报，15(6): 63-71
万川梅，谢正兰. 2013. Hadoop 应用开发实战详解. 北京：中国铁道出版社
汪懋华. 1999. “精细农业”发展与工程技术创新. 农业工程学报，15(1): 7-14
王劲波，翁伟，许华荣. 2005. 数据挖掘中基于密度的聚类分析算法. 统计与决策，(10x): 139-141
王儒敬. 2013. 我国农业信息化发展的瓶颈与应对策略思考. 中国科学院院刊，(5): 337-343
王文生. 2012. “中央 1 号文件”的农业农村信息化政策研读. 中国农村科技，(7): 22-26
王晓明. 2014-3-20. 发达国家推行大数据战略的经验及启示. 中国经济时报
王晓明. 2014-3-20. 我国应及早制定大数据国家发展战略. 中国经济时报
王亚莉，贺立源. 2005. 作物生长模拟模型研究和应用综述. 华中农业大学学报，24(5): 529-535

温孚江. 2013. 农业大数据研究的战略意义与协同机制. 高等农业教育，(11): 3-6
温孚江. 2013. 农业大数据与发展新机遇. 中国农村科技，(10): 14
吴锐. 2012. 真容乃大——大规模数据云端存储. 中国计算机学会通讯，8(6): 26-28
武军，谢英丽，安丙俭. 2013. 我国精准农业的研究现状与发展对策. 山东农业科学，45(9): 118-121
谢阳斌. 2012. 高等教育科研信息化的现状与趋势研究. 现代教育技术，22(5): 5-9
邢素丽，张广录. 2003. 我国农业遥感的应用现状与展望. 农业工程学报，19(6): 174-178
许世卫. 2005. 构建农业科研信息化平台，促进农业科技创新. 农业图书情报学刊，(12): 5-10
薛亮. 2002. 农业部遥感技术应用现状与发展思路. 中国农业资源与区划，23(3): 3-7
严建武，李春娥，袁雷，等. 2008. EOS-MODIS 数据在草地资源监测中的应用进展综述. 草业科学. 25(4): 1-9
严志业，黄琳. 2004. 试论精准农业及其在福建的应用. 福建农林大学学报(哲学社会科学版)，7(3): 28-30
阎保平，孙九林. 2014-3-10. 数据密集时代的科研信息化. 中国科学报
阳振坤，张清，王勇，等. 2012. 大数据的魔力，中国计算机学会通讯，8(6): 17-21
杨炳忻. 2012. 香山科学会议第 420-424 次学术讨论会简述. 中国基础科学，(4): 22-29
杨代庆，张智雄. 2009. 基于 Hadoop 的海量共现矩阵生成方法. 现代图书情报技术，(4): 23-26
杨鹏，吴文斌，周清波，等. 2008. 基于光谱反射信息的作物单产估测模型研究进展. 农业工程学报，24(10): 262-268
俞宏峰. 2012. 大规模科学可视化. 中国计算机学会通讯，8(9): 29-36
张波，罗锡文. 2011-10-22. ICT 在精细农业中的应用与展望. 《中国农业工程学会 2011 年学术年会论文集》
张鑫. 2013. Hadoop 源代码分析. 北京: 中国铁道出版社
张影强. 2014. 将大数据提升为国家战略. 中国经济报告，(1): 75-78
赵春江，薛绪掌，王秀精. 2003. 准农业技术体系的研究进展与展望. 农业工程学报，19(4): 7-12
赵致琢. 2004. 计算科学导论. 北京: 科学出版社
周清波，吴文斌，杨鹏，等. 2010. 基于“3S”技术的农情信息监测研究进展. 中国科技成果，(10): 33-38
周清波. 2004. 国内外农情遥感现状与发展趋势. 中国农业资源与区划，25(5): 9-14
周涛. 2012. 个性化推荐的十大挑战. 中国计算机学会通讯，8(7): 48-57
周晓方，陆嘉桓，李翠平，等. 2012. 从数据管理视角看大数据挑战，中国计算机学会通讯，8(9): 16-20
邹贵金. 2013. MongoDB 管理与开发实战详解. 北京: 中国铁道出版社
佐佐木达也. 2012. NoSQL 数据库入门. 罗勇译. 北京: 人民邮电出版社

Albert-László Barabási. 2012. 爆发—大数据时代预见未来的新思维. 马慧译. 北京: 中国人民大学出版社
Martin Klubeck. 2013. 量化—大数据时代的企业管理. 吴海星译. 北京: 人民邮电出版社
Tom Wbite. 2011. Hadoop 权威指南. 周敏奇等译. 北京: 清华大学出版社
Tony Hey. 2012. 第四范式: 数据密集型科学发现. 潘教峰，张晓林等译. 北京: 科学出版社
大数据吹响智慧农业的号角. http: //cloud. 51cto. com/art/201308/406265. htm